APOLLONIA KRAUSE
Rembrandtring 19
63110 RODGAU
Tel.-Fax: 06106 - 31 37

D1683769

Kijk op het groene
NOORD-HOLLAND

Kijk op het groene NOORD-HOLLAND

sietzo dijkhuizen
kees scherer

MCMLXXXIV ELSEVIER-AMSTERDAM

Tekst: Sietzo Dijkhuizen
Fotografie: Kees Scherer
Vormgeving en illustraties: Bert Zeijlstra
Cartografie: Jan van Dolderen
Uitgever: Henk Schuurmans
Redactie: Henk Nieuwenkamp, Hermien Dijkstra
Produktie: Bram van der Linden
Omslagontwerp: Studio Elsevier

Enkele personen en instanties zorgden voor aanvullend fotomateriaal:

Mariska Scherer pagina 31 boven, 34 rechts, 34 links, 36 links, 39 onder, 42 onder, 43 onder, 47 2×, 108 onder

Natuurfotografengilde (NFG-coördinatie Dick Klees) pagina 15 boven, 23 links, 108 links (Wim Weenink), 12 rechts, 31 rechts (Hans Smeenk), 16 links (Bert Groeneveld), 93 (Karel Beijlevelt), 101 boven (Piet Munsterman), 115 boven (Dick Klees)

G. van Beurden 39 links, 101 onder

Aerophoto Schiphol pagina 83

Foto titelpagina: Duinlandschap in het Noordhollands natuurreservaat

Foto inleiding: de haven van IJmuiden

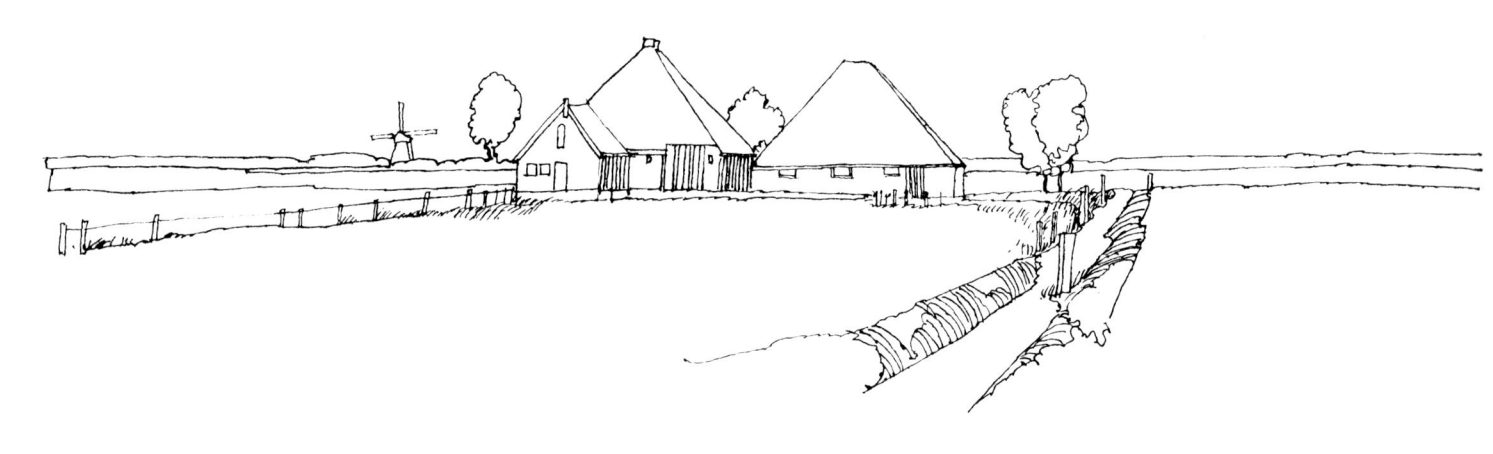

© MCMLXXXIV B.V. Uitgeversmaatschappij Elsevier, Amsterdam/Brussel
D/MCMLXXXIV/0199/180   ISBN 90 10 04258 8
ISBN complete serie 90 10 04364 9

Niets uit deze uitgave mag worden verveelvoudigd en/of openbaar gemaakt door middel van druk, fotokopie, microfilm of op enige andere wijze zonder voorafgaande schriftelijke toestemming van de uitgever.

inhoud

'voorbericht'	6
het groene noord-holland	8
blond en zeer aantrekkelijk / kustgebied	31
de mens verandert het weer / westfriesland	53
recht en krom / polderland	68
de oude zee en het meer / ijsselmeer	88
de herder is verdwenen / het gooi	105
op stap in het groen	121

voorbericht

'Nu komt er rechts weer een buitenland vol tureluurs, grutto's, kemphanen, kieviten en leeuweriken en dan, als de dijk plotseling ombuigt naar het Westen, ligt daar voor ons op 't water een soort van betoverde stad. Je ziet niets dan vlak op de golven een dichte groep van kleurige huizen, opeengedrongen rondom een kerk met slanken, spitsen toren. Dit alles is zoo vreemd en onverwacht en mooi, dat we eenigen tijd noodig hebben, om in dit Venetiaansch landschap ons veelbezocht visscherseiland Marken te herkennen...'
Toen de bekende natuurschrijver Jac. P. Thijsse dit beeld beschreef in het plaatjes-album 'Langs de Zuiderzee' was het 1914. Zeventig jaar later kun je nog wel over de dijk lopen, die 'plotseling ombuigt naar het westen', maar Marken vertoont zich niet meer als een Venetiaans landschap. Het is geen eiland meer. Een dijk die het nu met het vasteland verbindt bederft het uitzicht.
In zeventig jaren is overal het landschap sterk veranderd. De provincie Noord-Holland is zeer dicht bevolkt geraakt, heeft grote industrieën gekregen, hogere, zware dijken, veel wegen en huizen. Dat is gegaan ten koste van veel stukjes 'land vol tureluurs, grutto's, kemphanen, kieviten en leeuweriken'.
In het Noord-Holland van 1984 moeten dergelijke terreinen nu beschermd worden en zelfs dan is het niet zeker of er nog wel kemphanen zullen komen. De door Thijsse sterk gestimuleerde natuurbescherming heeft er de handen vol aan om Noord-Holland groen te houden.
Dat het, gelukkig, nog veel waarden heeft, hebben Kees Scherer en ik op veel zwerftochten kunnen ontdekken. En ook hebben we, weer eens, kunnen constateren hoe gevarieerd Noord-Holland is. Zee, strand, duin, bossen, heide, weilanden, akkers, polders, plassen, moerassen, wat heuvels, oude stadjes, mooie boerderijen, molens, slootjes. En daarin ook: een bonte wereld van vogels en planten.
Om al die variatie te verwerken hebben we de provincie ingedeeld in vijf gebieden, die toch elk een eigen karakter hebben, of die al vanouds begrensd zijn: het strand en de duinen, met de bossen, vormden een natuurlijk gebied, dat van de kuststrook. Met bijbehorend, bijna 'een hoofdstuk apart' Texel. Westfriesland sprak voor zichzelf, maar het aangrenzende Wieringermeer betrokken we toch maar bij een apart hoofdstuk 'IJsselmeer', waarin ook het bestuurlijk (nog) niet ingedeelde Zuidelijk Flevoland paste. Het gebied van de droogmakerijen en Waterland vormde ook een apart hoofdstuk, evenals Het Gooi en de noordelijke Vechtplassen.
Zo nog eens op een rijtje gezet moet ook duidelijk worden, dat al die streken van het groene Noord-Holland niet tot in details beschreven en gefotografeerd konden worden. Niet alles staat er dus in dit boek. Wij pretenderen ook geen volledigheid. Dit boek is geen naslagwerk. Het wil slechts de ogen openen voor de vele waarden die het groene Noord-Holland bezit.
Met 'Kijk op het groene Noord-Holland' zou eigenlijk elke lezer ook door dat land moeten gaan zwerven. Met wijd-open ogen, en vooral: met open hart. Dat is die volle provincie meer dan waard.

Sietzo Dijkhuizen

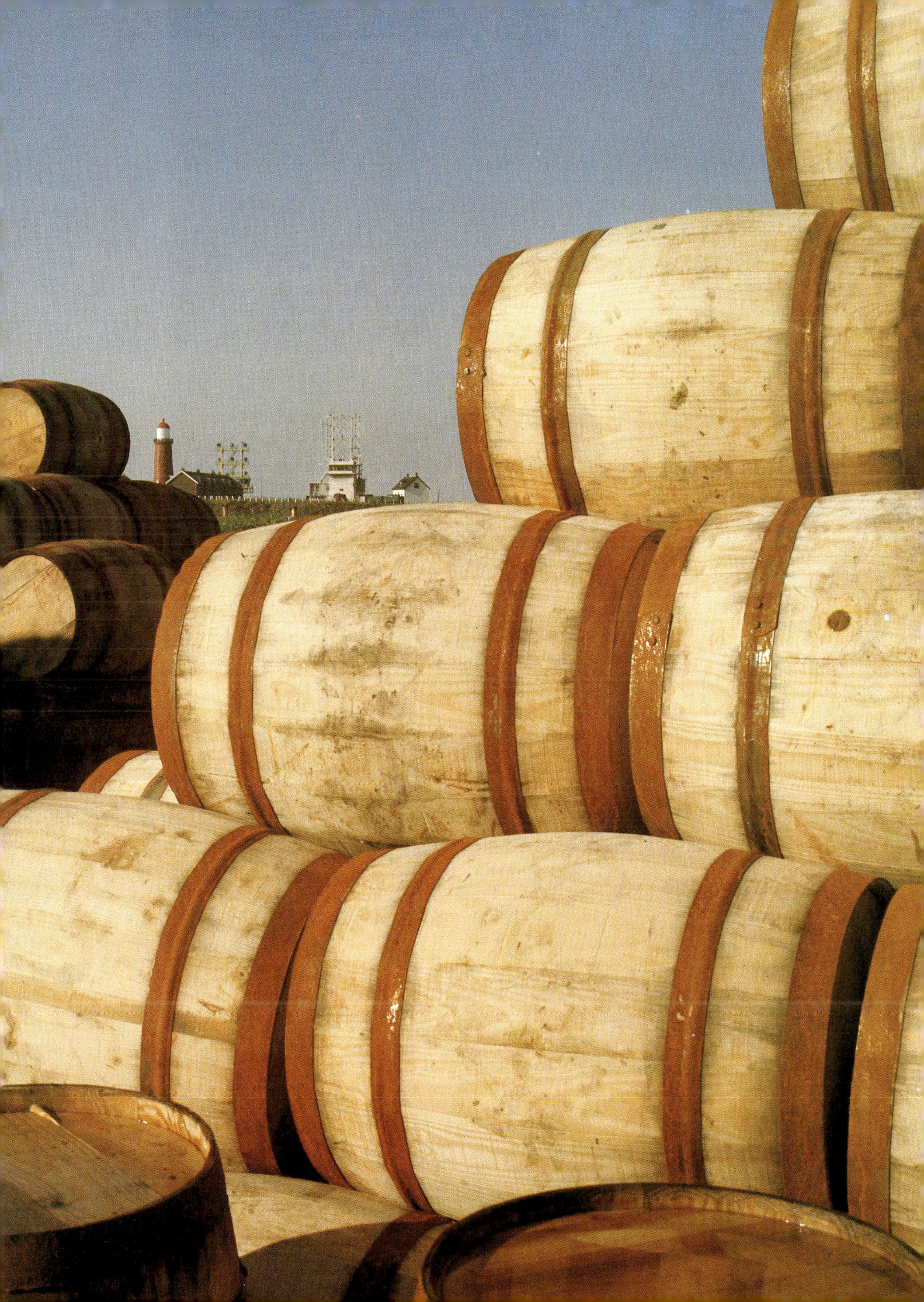

het groene noord-holland

Er wonen in Noord-Holland meer dan twee miljoen mensen. Om precies te zijn: 2 308 600. Dat is ruim achthonderd op één vierkante kilometer. Toch heeft die dichtbevolkte provincie nog ruimte. En stilte. Zwerf maar eens door de duinen van het Zwanenwater, of ga roeien in het Ilperveld. Luister naar de vogels in het Heiloërbos of kijk naar de kieviten en grutto's in het lage land bij Schagen. En dat zijn maar een paar namen. Er zijn veel meer te noemen. Want Noord-Holland zit ook 'vol' met plekjes waar je je kunt verliezen in eindeloze bewondering voor plant en dier.

Een altijd weer wonderlijke belevenis in het volle en drukke Holland: tien minuten geleden zat ik nog in de verkeersdrukte van de strand- en waterzoekers, de aan- en afvoerende vrachtwagens en de haastrijders en nu loop ik alleen in de stilte van de duinen. Zelfs het graaggehoorde ruisen van de zee is niet waarneembaar. En ik ben kennelijk te laat op de dag en in het seizoen om vogels te horen. Ik zie wel een zilvermeeuw overkomen, maar in zijn zweven lijkt die de stilte alleen maar groter te maken.
Ik blijf even staan om de meeuw na te kijken, blik na het verdwijnen van de vogel rond en constateer dat het hier betrekkelijk kale duinen zijn. Er zijn geen bossen en bosjes; hier en daar staat een boom, maar die lijkt in zijn moeitevol bestaan verdwaald. Het pad is nadrukkelijk een duinzandpad, maar de heuvels met 'blanke top' liggen pas verderop te pronken. Het pad waar ik volgens het gebiedende bordje alleen maar lopen mag, blijft tamelijk vlak. Rechts liggen er inderdaad duinen met onduidelijke fazante- en konijnepaadjes en ook verder naar links strekt zich een golvende hoogte uit. Het pad gaat kennelijk door een brede duinvallei en in zijn overzichtelijkheid, toch aanwezige ruigte en mij aansprekende sfeer heeft dat een grote aantrekkelijkheid.
Als ik alles eens op me wil laten inwerken komt ineens de verrassing die de hele dag zal goedmaken. Want 'zomaar' ergens

• Breeduit ligt de stelp achter de bomen van bongerd of weg, die nog in blad moeten komen. Laag land, brede sloten en stilte en rust.

De 'schaapjes op het • droge' van het dijkje, dat ooit water heeft moeten tegenhouden. In streken als hier bij Etersheim in de gemeente Zeevang (ten noorden van Purmerend) ligt er een kleideken op oud laagveen en zijn er vaak restantjes van vroeger aan te treffen: een plasje, een dijkje.

het groene noord-holland

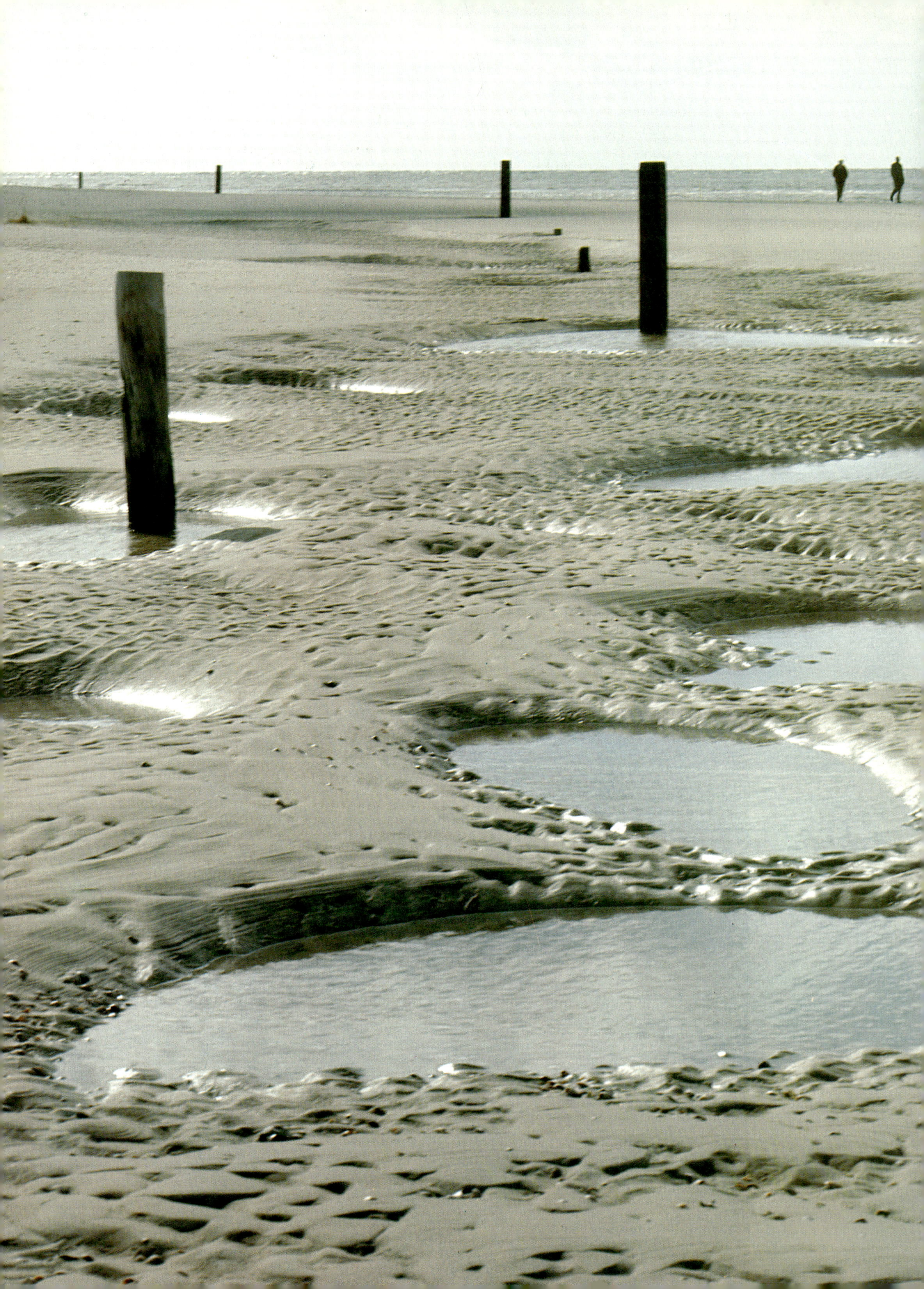

het groene noord-holland

• Het strand, zoals het zich ook kan vertonen: bij eb heeft de zee zich teruggetrokken, maar laat ze wel sporen zien van aanwezigheid. In de uitgespoelde en nog zout water bevattende 'kuilen' is vaak mooi de laagjes-opbouw te zien van de afzettingen door de zee.

De ooit wilde Zuider- • zee is getemd tot IJsselmeer, waar veel plezierboten de oude vissersvloot welhaast lijken te hebben overvleugeld. Toch wordt er nog veel beroepsvisserij uitgeoefend op het IJsselmeer. Vooral paling wordt veel gevangen. De daarvoor uitgezette fuiken zijn te lokaliseren door de rijen staken.

vandaan komen vier grote witte vogels aanvliegen. Nu en dan staken ze de lange, regelmatige vleugelslagen en zweven ze alleen op de uitgestrekte vleugels verder, om even daarna weer wiekslagend verder te gaan. Keurig in de rij, rustig maar doelbewust vliegen ze het duingebied over. Naar buiten, naar mijn idee, richting weg en polders. Het kan niet missen: lepelaars. De vogels vliegen niet zo hoog, dat ik niet de zwarte, brede snavel zie. Met de gestrekte hals en de lange poten, de brede, witte vleugels. Ze lijken natuurlijk helemaal niet op zwanen, maar misschien dat de witte vogels ooit toch de naam hebben geleverd voor dit duingebied, het Zwanenwater. Als de lepelaars uit het gezicht verdwenen zijn, blijf ik nog steeds de lucht bekijken, in de verwachting, dat er opnieuw een linie van enkele exemplaren zal verschijnen. Het zou best kunnen. In dit gebied immers broedt een vijftigtal paren van deze opvallende en grote vogel en die zullen inmiddels wel jongen hebben, die veel voer vragen. Daarvoor wordt er geregeld gependeld naar de plasjes en ondiepe sloten in de kop van Noord-Holland, waar het nodige voer gevonden moet worden.

Mijn geduld wordt beloond: ik zie nog twee keer een rijtje achter elkaar vliegende lepelaars overkomen. 't Is een fascinerend gezicht en als de laatste verdwenen zijn heb ik even de neiging toch achter de bordjes met verboden toegang de nesten te gaan zoeken, maar ik realiseer me dat mijn nieuwsgierigheid een zo grote onrust en verstoring zou veroorzaken, dat de prijs van bevredigde nieuwsgierigheid te groot is. Nee dus.

Het lijkt alsof de lepelaars me opmerkzamer hebben gemaakt. Ik hoor nu ook een wulp en tamelijk dicht langs één van de twee plassen lopend hoor ik karekiet en rietzanger toch ook nog. Ik zie een duif oversnellen en nu en dan een fazant zich haasten om weg te komen. Met zijn 'leegte', zijn openheid liever gezegd, is het een heel ander duingebied dan dat bij Castricum of Bergen. Daar heeft men ooit bossen aangelegd en vertoont zich, doordat het zand er kalkrijker is, veel meer duinstruweel: van duinroos en liguster tot duindoorn. Er ligt in de duinenrij trouwens toch een merkwaardige onderbreking, die van de Hondsbosse Zeewering, en ik vind het duingebied ten noorden daarvan toch al een heel ander karakter hebben dan het zuidelijker deel. Misschien komt het toch ook door die bebossing en de (daardoor?) grotere drukte en de grotere plaatsen als Bergen,

het groene noord-holland

● Een sfeervol hoekje in Twisk, dat ten zuidwesten van Medemblik ligt in de streek die wel wordt aangeduid als 'De Vier Noorder Koggen. 't Is een 'ambacht', de oude benaming van een rechtsgebied.

Op het eerste gezicht zegt menigeen 'een wesp'. Maar wie beter kijkt en de bloem, waarop het insekt zit, rustig nadert, ziet wel verschillen. 't Is een zweefvlieg, waarvan er vele soorten bestaan. ●

Ze staan er, gelukkig, nog op veel plaatsen, de molens, die in de vorige eeuw de polders als de Schermer hebben drooggemalen en drooggehouden. Hier bij Rustenburg staan er drie op een rij.

Castricum, Egmond. Hoewel er tussen Petten en Callantsoog ook wel de nodige toeristendrukte bestaat, heb ik altijd het gevoel, dat het in de noordelijker contreien rustiger, eenzamer is. En afgezien van de begroeiing, waarin kenners al de 'plantengeografische' verschillen zien, zijn er sfeerverschillen in de diverse Noordhollandse duingebieden. Bij Bloemendaal en Zandvoort is het, hoe mooi de Amsterdamse 'Waterleidingduinen' zijn, toch weer een beetje anders dan bij Bergen of in de staatsboswachterij Schoorl, en ik vind in de Kennemerduinen toch een andere sfeer dan in het natuurmonument Zwanenwater. Maar elk deel is boeiend en waardevol. Van alle soorten hogere planten die er in Nederland voorkomen (ca. 1400) komt er zo'n tweederde voor in het duingebied.

recreatief gebruik

Langs onze kust ligt ook een groot aantal beschermde natuurgebieden: in totaal nemen zo'n 120 natuurreservaten een 43 000 ha in beslag. Ze liggen verspreid, maar alles bij elkaar komt het toch aardig tot het groot, beschermd geheel, waarvan ook ooit de bekende natuurbeschermer en -schrijver Jac. P. Thijsse droomde. In zijn in 1946 uitgekomen boekje 'Duinen' pleitte deze kenner al voor het instellen van 'één groot Nationaal Park' voor alle duinen van Cadzand tot Rottum, die hij noemde 'één van de mooiste en rijkste landschappen van ons land'.

Toch moeten natuurbeschermers nog steeds erg attent zijn. Het duingebied wordt op veel manieren bedreigd. Waterwinning en recreatie zijn de meest bekende en vaakst gehoorde. In veel duingebieden wordt grondwater gewonnen tot vele miljoenen liters per jaar en vele honderdduizenden mensen komen jaarlijks naar duin en strand om er te re-creëren. Sommigen hebben er in de vakantieperiode, maar ook in de mooie weekeinden, uren file-rijden of wachten-op-de-boot voor over.

Hier en daar prijken er in het kustgebied dus bordjes bij ingangen van terreinen die vertellen dat je er niet of niet zomaar in mag. Beschermingsmaatregelen zijn niet altijd sympathiek, maar wel noodzakelijk. In het tijdschrift 'Natuurbehoud' van de Vereniging tot behoud van natuurmonumenten in Nederland schreef in het jubileumjaar 1981 (toen de vereniging 75 jaar bestond) Frits Maas: 'De natuurbescherming verdedigt als geen ander de groene ruimte. Het is haar

het groene noord-holland

een nationaal landschap

De provincie Noord-Holland kent een aantal gebieden, waar de combinatie van natuurgebied, cultuurgrond, bos, water en dorpen zó echt is, dat het verschrikkelijk jammer zou zijn als die verloren ging. Daarom wil de rijksoverheid die behouden en de vorm om dat te realiseren is die van 'het nationaal landschap'. Over die vorm is er al heel wat vergaderd en zijn er door verschillende commissies verscheidene dikke en minder dikke rapporten, nota's en studies verschenen. Al in het begin van de jaren zeventig begon men aan de voorbereidingen. In 1980 bracht een commissie een 'eind-advies' uit en daarin bleken ook de namen te staan van een aantal 'potentiële nationale landschappen'. Noord-Holland kreeg er maar liefst vier. Texel, Waterland, Centraal Noord-Holland, en de omgeving van Bergen. Waterland werd aangewezen als 'proefgebied'. Tot 1985, als er tien jaar is 'gewerkt', kan men in dit gebied onderzoeken hoe en waar er gestimuleerd, onderzocht, omgeschakeld, beheerd moet worden. Overleg met de bevolking speelde daarbij een grote rol. Want men wil van een 'nationaal landschap' beslist geen 'park' maken, waar je niets meer mag en de boeren alleen maar 'parkwachter' zouden zijn.
Er zijn nogal wat misverstanden geweest over wat nu wel en wat een nationaal landschap niet zou zijn. In het eind-advies wordt het begrip omschreven met één lange zin. Het komt erop neer, dat een nationaal landschap een door de rijksoverheid aangewezen gebied is van ten minste 10 000 ha groot (Waterland is 15 000 ha). Dat gebied moet dan ook bestaan uit zowel natuurterrein, wateren en/of bossen, cultuurgrond (akkers dus en weilanden) als dorpen. En alles bij elkaar moeten die een grote rijkdom vertegenwoordigen aan natuurlijke en landschappelijke kwaliteiten en cultuurhistorische waarden. Uiteraard moet die weer een samenhangend en harmonisch geheel vormen.
Met inrichting, ontwikkeling, beheer en bestuur van zo'n gebied wil men dan proberen het specifieke, het streekeigene, te behouden. Nadrukkelijk staat er in de omschrijving dan ook nog, dat alle beheers- en behoudsmaatregelen rekening zullen houden met de recreërende mens, maar ook met de 'sociaal-culturele en economische belangen van de aldaar wonende en werkende bevolking'.
Wat dat laatste betreft ligt er een mooi voorbeeld in de subsidies die gegeven worden voor het opknappen van de typische (ook wat betreft kleur) houten huizen van de streek, waar de slappe ondergrond van veen er de oorzaak van is, dat er weinig stenen huizen konden worden gebouwd.

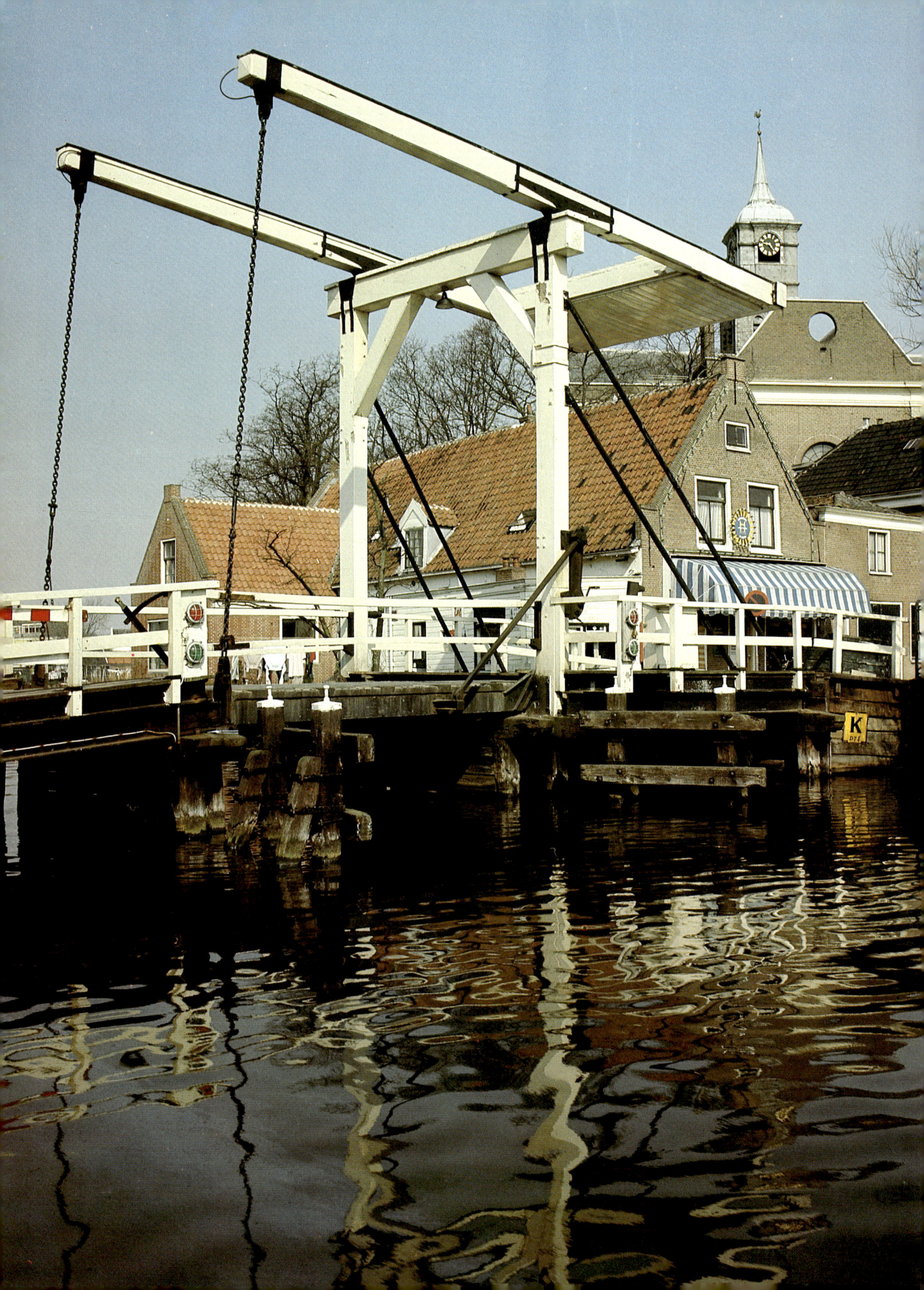
K

het groene noord-holland

• Ook dit is een stukje van het groene Noord-Holland: karakteristieke landschapselementen als zo'n ophaalbrug bepalen mede de sfeer van het landschap. Hier is het Ouderkerk aan de Amstel met zijn grote hervormde kerk uit de 18de eeuw.

De bruine kikker is • één van de vier in Nederland voorkomende soorten. (De andere zijn: heikikker, groene kikker en boomkikker.) Deze kikker is niet zo sterk aan het water gebonden als de groene kikker. De bruine kun je overal aantreffen, soms zelfs op plaatsen waar in verre omtrek geen water is te vinden. Toch zoekt hij het water in het voorjaar op om er te paaien: eitjes leggen en bevruchten.

eerste en grootste taak natuur en landschap te beschermen. Mét de daarin heel uiteenlopende gemeenschappen van planten en dieren, die óók recht hebben in ons land te leven. De natuurbescherming is echter allerminst blind voor de maatschappelijke context van haar werk. Toch maken de mensen, dit keer in de vorm van de recreanten, het haar niet gemakkelijk. Al te vaak immers blijkt de recreatie de natuur als een kip met gouden eieren te plukken, zo niet te slachten.'
En op het eind oktober 1980 gehouden symposium 'Wadden-Duinen-Delta' zei mevrouw B.L.J. van Leeuwen, inspecteur van 'Natuurmonumenten' en rentmeester van 'Het Noordhollandsch Landschap', o.m.: 'Natuurbeheer en -behoud wordt gevoerd omwille van het voortbestaan van de waarden van de natuur zelf, het landschap met de erin voorkomende levensgemeenschappen van planten en dieren, maar ook opdat de mens hier van kan blijven genieten. Wanneer dit medegebruik door de mens echter dergelijke vormen gaat aannemen, dat de natuur hiervan duidelijk schade ondervindt, is het evenwicht verstoord en komt men in strijd met het uitgangspunt. Recreatief gebruik van

• Wolken spiegelen zich in het water van de Amstel, het uit de vereniging van Drecht en Kromme Mijdrecht ontstane riviertje, dat in het IJ uitmondde en met de dam die daar gelegd werd de daar ontstane nederzetting haar naam gaf: Amsteldam.

het groene noord-holland

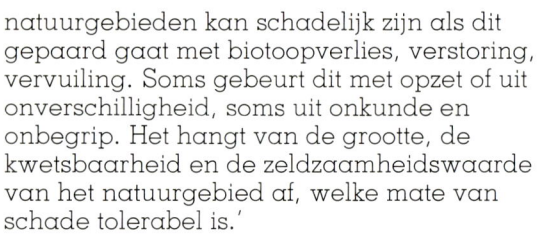

natuurgebieden kan schadelijk zijn als dit gepaard gaat met biotoopverlies, verstoring, vervuiling. Soms gebeurt dit met opzet of uit onverschilligheid, soms uit onkunde en onbegrip. Het hangt van de grootte, de kwetsbaarheid en de zeldzaamheidswaarde van het natuurgebied af, welke mate van schade tolerabel is.'

nog genoeg groene plekjes

De kuststreek van Noord-Holland heeft stellig zijn grote schoonheid en waarde te danken aan de inspanningen van de natuurbescherming. Maar, merkwaardig genoeg, ook enkele 'bedreigers' hebben gezorgd voor enige mooie duingebieden: de waterleidingbedrijven die aangekochte gebieden omwille van goede watervoorziening beschermden. Hun 'bedreiging' zit in de wijze waarop het landschap wordt ontsierd of wordt aangetast door de wateronttrekking. Maar menige wandelaar heeft goede herinneringen aan de 'Amsterdamse Waterleidingduinen' tussen Noordwijk en Zandvoort, of aan het Noordhollands duinreservaat van het Provinciaal Waterleidingbedrijf van Noord-Holland tussen Wijk aan Zee en Bergen. 'Natuurmonumenten' bezit een aantal mooie terreinen ten zuiden van IJmuiden, maar ook in het noordelijk deel, met o.a. het Zwanenwater. De Stichting 'Het Noordhollandsch Landschap' heeft helemaal geen duingebieden, terwijl Staatsbosbeheer weer enige grote complexen bezit, zoals de boswachterijen Texel en Schoorl. En (bijna) overal kan en mag er gewandeld worden... Er is, zo merk je, op heel veel plaatsen in deze provincie fijn te wandelen of te fietsen om van 'het groene Noord-Holland' te genieten. Soms, hier en daar, lijkt het, alsof er alleen maar huizen en wegen, fabrieken en hoogspanningskabels te zien zijn met daartussen misschien spaarzame stukjes groen. Maar in datzelfde zo overvol lijkende en overal door de mens benutte Noord-Holland, zijn (nog) veel mooie, stille, waardevolle, vogelrijke, groene plekjes en streken te vinden.

Plekjes als het landgoed Beeckenstijn bij Velsen of de dijk bij Holysloot, het bos bij Bergen of een molengang in de Beemster, streken als de akkers en weiden van West-Friesland, het boeiende sloten- en plassengebied van Waterland 'onder de rook van Amsterdam' of de glooiingen van het vroegere eiland Wieringen. Tussen Noordzee en IJsselmeer is er, bij alle menselijke bedrijvigheid die overal haar sporen naliet, toch veel overgebleven.

•• Parnassia is een zo zeldzaam geworden plant dat het sinds 1973 wettelijk beschermd is. Plukken is dus verboden! De plant, die bloeit van plm. juni tot in september, komt voor in duinstreken waar valleien nog een beetje drassig blijven. Een bijzonderheid van deze zo fraai bloeiende plant is, dat de meeldraden achter elkaar, dus niet op dezelfde dag, rijp worden.

• Een dode boom in de duinen betekent vaak verdroging. Door wateronttrekking ten behoeve van de drinkwatervoorziening is menige duinstreek van aanzien veranderd. Vochtige duinvalleien, zoals op de foto hiernaast (Zwanenwater) zijn zeldzaam geworden.

het groene noord-holland

het groene noord-holland

● In het vlakke polderland van de Wieringermeer is het vroegere eiland Wieringen vanuit verschillende hoeken nog wel te herkennen. Hier, vanuit een wei-met-paardebloemen, gezicht op Oosterland.

'Toch'... Dat woord geeft al aan, dat er 'ondanks' ruimte-opeisende groei, schaalvergroting en welvaartsstreven nog iets bewaard is. Pessimisten zeggen, dat het inderdaad 'iets' is; optimisten zien wat er nog aanwezig is en putten daaruit troost. Maar een hard feit is, dat er veel is verdwenen. Daarvoor hoef je niet eens te vergelijken met de jaren dertig, de jaren van de bloei van de natuurstudie met leiders als Thijsse en Heimans, maar kun je al terecht in de jaren vijftig. Ook een dertig jaar geleden nog had Noord-Holland een ander gezicht, was er meer groen, waren er meer vogel- en plantesoorten, minder wegen, minder auto's, minder industrie.
Noord-Holland is sterk veranderd. Overal heeft de nijvere mens zijn tekens achtergelaten. Oude landbouwgebieden kregen door ruilverkavelingen een ander, efficiënter patroon, eeuwenoude polders werden vol zand gespoten om er huizen te kunnen bouwen en fabrieken en om er havens te maken. Steden en dorpen kregen buitenwijken die allemaal op elkaar lijken, wegen werden verbreed, en nog eens verbreed tot supersnelle verbindingen tussen wonen en werken, die toch nog gescheiden blijven door files en files.
De ijver van de doordeweekse dagen resulteert in de weekeinden in een soms massale vlucht naar buiten. Maar ook op campings, in bungalowparken, op plassen en meren lijkt weinig rust meer te vinden.

'groene sterren'
In het veranderde Noord-Holland treft men nu ook 'voorzieningen' om dicht bij de grote stadsgebieden de mogelijkheden tot recreatie te bieden. Spaarnwoude bij Haarlem en Het Twiske ten noorden van Amsterdam zijn nu 'groene sterren' tussen de steenmassa's van huizen en fabrieken.
Maar wie in deze nog jonge, duidelijk aan de tekentafel herinnerende recreatiegebieden onvoldoende terugvindt van het oude groene Noord-Holland en enige moeite wil doen kan in deze provincie ontdekkingen doen. Want er zijn nog kronkelende, heel oude dijkwegen, er zijn nog kleine polders met heldere sloten en vele soorten weidevogels, verscheidenheid aan planten en plekjes met een eenzaam op een hoger stuk grond staande stolpboerderij. Ze zijn er heus nog de stille landwegen, de met riet omzoomde plas, het straatje-met-de-houten-huizen, de molentjes langs de sloot, de akkers met dicht erbij een mooie boerderij, de eindeloos

het groene noord-holland

Landelijk beeld bij Stroe, waar de scheefgewaaide boom wijst op de langdurige invloed van de zeewind. De Waddenzee is ook vlakbij, bij dit op de noordkust van Wieringen gelegen dorp. ●

Basaltkeien en sterke eiken palenbeschoeiingen als golfbrekers vormen een stukje kustbeveiliging bij Stroe dat weggedoken ligt achter de dijk. ●

lijkende vaarsloten, waar je op een roeitocht in het voorjaar alleen maar vogels en riemgeknars hoort.
En bij die kleine, zelf te ontdekken elementen voegen zich de grote, die van de beschermde plekjes, de natuur-in-een-reservaat. Met namen als Zwanenwater, Duin en Kruidberg, Jisperveld, Naardermeer, Kortenhoefse plassen, De Reef.
Die grotere delen maken het mogelijk iets 'terug' te zien van vroegere glorie in planten- en dierenwereld, in natuur en landschap.
Er zijn mensen die graag nog verder teruggaan dan één of twee generaties. Die praten nog liever over een standvoetbeker die ooit gevonden is bij Heerhugowaard en die bewijzen moet dat er al honderden eeuwen voor onze jaartelling mensen woonden in deze contreien.
Ontmoetingen met deze vorsers zijn even boeiend als die met weidevogelkenners die met weemoed terugzien naar de tijd toen er nog geen sprake van was dat een 'boer' industrieel agrariër zou worden. Want zij kunnen vaak het ontstaansverhaal vertellen van dit groene Noord-Holland.

veranderingen van landschappen

Soms kunnen beide figuren in één verenigd zijn, zo bleek me, toen ik in de kop van

het noordhollands landschap

Veel waardevolle natuurgebieden in Noord-Holland kunnen goed beschermd worden dank zij het feit dat ze in het bezit zijn gekomen van natuurbeschermings-organisaties. Eén van die organisaties is de Stichting 'Het Noordhollandsch Landschap', welke werd opgericht in 1936. Zoals die in de andere provincies werd ook deze stichting opgericht op initiatief van de landelijke natuurbescherming om in de regio zelf de mensen te kunnen betrekken bij het werk.
In de provincie heeft 'Het Noordhollandsch Landschap' nu zestien 'natuurreservaten' in eigendom. Daarvan zegt ze zelf: 'Het Noordhollandsch Landschap heeft veel natuur- en landschapsschoon, dat verloren dreigde te gaan kunnen bewaren door aankoop en doelmatig beheer. Dat was praktische milieubescherming in ieders belang.'
De reservaten verschillen sterk in grootte. Het grootst is het Ilperveld, een veenweidegebied tussen Amsterdam en Purmerend, van 567 ha. Het kleinst is een perceeltje oeverland (0,3 ha) aan de Vecht, dat gepacht is om de groeiplaats van zomerklokjes te beschermen.
Bij haar werk kan de Stichting nog best (veel) hulp gebruiken. Het adres is: Noordereind 60, 's-Graveland.

het groene noord-holland

het groene noord-holland

Noord-Holland was gaan vogelen en daar, op een smalle dijk, de man trof die ik eerder had ontmoet bij een excursie naar het Balgzand, het door 'Vogelbescherming' beheerde reservaat ten zuidoosten van Den Helder.
We trokken al gauw een vergelijking tussen 'onze' polder en het Balgzand en op een gegeven moment zei hij: 'Je moet een beetje fantasie hebben en wat dijken en dijkjes kunnen wegdenken... Maar je zou je best die schorren en slikken van het Balgzand hier kunnen denken. Hier is het net zo'n landschap geweest. Heel lang geleden. Een getijdenlandschap met geulen en kreken, waarin door de aanvoer van slib kreekruggen en schorren werden opgebouwd. En eigenlijk moet je nog veel verder teruggaan, want dat landschap was ook weer ontstaan uit een ander, namelijk een landschap van veenmoerassen. Als je zo achteloos praat over het ene landschap dat komt en het andere dat gaat, dan ben je al gauw geneigd dat in hedendaagse situaties te zien. Zó heb je een mooi landschap, bulldozers erin en over een paar weken, eerder nog, is de zaak veranderd. De veranderingen die hier lang geleden plaatsvonden waren natuurlijke veranderingen en de natuur deed daar lang over. Hoewel... als de zee hoog en woest was, kon er zonder dijken toch ook wel heel snel het nodige veranderen. Maar als je praat over ijstijden die tienduizenden jaren geleden gedateerd worden en je hebt het over de massa's ijs die langzaam voortschoven naar het zuiden en daardoor in ons land de heuvels vormden, zoals op Texel, en in Het Gooi, dan heb je natuurlijk geen idee van de snelheid waarmee dat gebeurde. Ik vind het ook altijd een fascinerende gedachte, dat, doordat het water in het ijs werd vastgehouden, de huidige Noordzee droog lag. Maar als je dan in de geleerde boeken leest dat door het smelten van al dat ijs in warmere tijden de Noordzee weer vol liep, dan vraag je je weer af: hoe snel ging dat? Of liever: hoe langzaam? Er moet in die tijd heel wat zand uit de Noordzeebodem hierheen gewaaid zijn maar er is ook nog heel wat door die voller en voller wordende zee gewoon naar de delta van Rijn en Maas gerold. Als je dan leest, dat zo'n vijfduizend jaar geleden de zeespiegel niet meer steeg, dat het zand aan de kust bleef liggen en dat er een rij van wallen ontstond, zodat je mag aannemen dat ongeveer de huidige kustlijn was gevormd, dan lijkt dat te overzien. Beter in elk geval dan aantallen van 50 miljoen jaren. Maar evengoed, vijfduizend jaar geleden... dát is een end weg...'
'Maar achter die wallen, die strandwallen, had je natuurlijk nog niet meteen land, droog

• Een stuk duin dat zijn zand blootlegt kan door de wind worden verstoven. Daarom worden zulke kale stukken snel beplant met helm, een taaie grassoort, die tegen een stootje en voedselarmoede kan en met zijn uitgebreide wortelstelsel het zand kan vasthouden. Want ook duinen vormen een stuk zeewering.

Een bekend beeld • van Texel: weilanden achter de dijk met veel schapen. Niet altijd zijn dijkjes waterwerende werken. Als 'tuinwallen' kunnen ze ook de verschillende percelen markeren.

het groene noord-holland

• 'Echt Hollands', zegt men vaak van zo'n beeld. De wilgen zijn echt nog knotwilgen. Ze hebben een dikke stam en een 'pruik' van dunne twijgen. Om dat te behouden moeten de bomen om de drie, vier jaar geknot worden. Dat onderhoud blijft vaak achterwege omdat het te kostbaar wordt. Gelukkig kunnen vaak vrijwilligers helpen.

land...', meen ik vragenderwijs te moeten stellen.
'Nee... achter die door de zee opgeworpen wallen, waar de zee nog wel eens tussendoor kwam, ontstond een gebied, dat je moet vergelijken met het huidige Waddengebied. Onderhevig dus inderdaad aan eb en vloed. Maar door afzetting van zand en klei groeiden de schorren, slibden kreken en geulen dicht en omdat er vanuit het oosten met de rivieren ook zoet water binnenkwam veranderde het gebied achter de strandwallen op den duur in een veenlandschap. Op den duur, zeg ik, maar hoeveel jaren zal dat wel niet geduurd hebben? In elk geval, onderzoekers hebben uitgemaakt, dat zo'n drieduizend jaar geleden in dit gebied achter de met zelfs al duintjes dragende strandwallen, een veenlandschap lag waar de rivieren vrij doorheen kronkelden. Er hebben hier toen ook al mensen gewoond, vooral op die hogere delen natuurlijk en zo'n duizend jaar voor Christus was het hier in het tegenwoordige West-Friesland ook al zo hoog opgeslibd, dat er mensen konden wonen. Alleen zullen die wel niet, zoals wij, naar vogeltjes hebben zitten kijken.
Die situatie is trouwens niet gebleven. In het begin van de middeleeuwen is er bij het tegenwoordige Callantsoog een enorme aanval van de zee geweest op de gevormde strandwallen met het gevolg dat die doorbraken. Het daarachter gelegen veengebied werd overspoeld en door de kracht van het water werd het veen weggeslagen. Eén van de gevolgen was, dat het al bestaande binnenmeer Flevo een open verbinding kreeg met de zee en toen kon de zee eigenlijk van twee kanten aanvallen. In die tijd zijn ook andere grote binnenmeren ontstaan, zoals het Haarlemmermeer en Schermer. De mensen die er toen woonden, en die zich in tijden van nood relatief veilig konden wanen op de met eigen handen gemaakte hoogten, een soort terp dus, die hier overigens 'werf' heet, zijn zich op den duur toch maar bezig gaan houden met dijkenbouw. Dat gebeurde natuurlijk heel primitief en er zijn daarna nog vaak overstromingen geweest, maar de mens werd steeds sterker en in de zestiende eeuw zijn er met geld van rijke kooplieden uit Amsterdam zelfs al meren drooggemaakt. Als je nou ziet wat er aan molens in het land staat en je bent er blij mee, dan kun je je haast niet voorstellen dat het in die tijd hier in Noord-Holland vol heeft gestaan met watermolens. Waar dan later nog al die industriemolens in de Zaanstreek bij kwamen...'
Als ik een dik uur later weer in de auto zit realiseer ik me dat mijn 'kennis' helemaal niet somber heeft gedaan over de teruggang van het aantal weidevogels. Door het historisch verhaal is hij er misschien niet aan toe gekomen, maar dat was aan de andere kant toch ook een mooie aanleiding geweest om over de vogels-vroeger te praten. Maar in die tijd waarover hij vertelde, telden ze geen vogels, letten ze er niet eens op waarschijnlijk. Hooguit om ze te vangen voor de pot.
We hebben er toch nog heel wat gezien; kieviten, grutto's, tureluurs, maar als je de verhalen hoort van oudere vogelaars, dan is het een heel stuk minder geworden vergeleken bij zo'n twintig, dertig jaar geleden.
Als je zo door het groene Noord-Holland rijdt zie je toch ook wel hoe dat kan zijn gekomen: in verscheidene delen zie je de rechte, nieuwe, brede sloten en de grote kavels, die verraden dat de ruilverkaveling meer doelmatigheid heeft gebracht. In de polder Geestmerambacht, een schitterend nat landschap, waar de boeren alleen maar met schuiten terecht konden, is zo'n modernisering ook gerealiseerd. De beroemde vaarpolder werd een rijpolder. Er zijn, gelukkig, ook andere dingen te melden. Even buiten Amsterdam-Noord strekt zich een wondermooi gebied uit, dat

het groene noord-holland

De Vlaamse gaai valt met zijn gekleurde verenpak wel op, maar als hij krijsend wegvliegt is men niet geneigd hem zangvogel te noemen. Toch behoort hij er toe, met de andere leden van zijn familie, de kraaien. ●

Het landgoed Hilverbeek in 's-Graveland is onderdeel van een uitgestrekt 'natuurmonument' in Het Gooi. ●

niet veranderen zal. Tenminste dat is de bedoeling. Het is een beschermd gebied geworden, dit Waterland. Het is aangewezen als proefgebied voor een Nationaal Landschap en dat betekent o.a. een grote mate van bescherming en behoud. In zo'n 'nationaal landschap' gaat het overigens niet alleen om natuurbehoud, zoals in een 'nationaal park'. Ook wonen, werken en recreëren moeten er goed kunnen plaatsvinden, evenwel zonder dat het streekeigene geschaad wordt.

bijzonder om zijn landschappelijke variatie

Noord-Holland is, hoe simpel dat 'schiereiland' ook lijkt, een heel bijzondere provincie. Niet omdat er zoveel mensen wonen en werken, of omdat Amsterdam er ligt en ook nog niet eens om zijn (overigens zeer boeiende) aandeel in de 'vaderlandse geschiedenis' maar alleen al om zijn landschappelijke variatie. Je vindt er geen Veluwe, geen Mergelland, geen Achterhoek. Maar wie dit soort landschappen je-van-het vindt en Noord-Holland saai en plat noemt, die moet eens met open oog en hart er rondkijken. En dan hoeft hij nog niet eens te bedenken, dat Noord-Holland het grootste Waddeneiland bezit.

kolen en bollen

Als je in de nazomer van Enkhuizen naar Medemblik rijdt, krijg je wel de indruk dat er 'nogal wat kool' wordt verbouwd, maar toch zullen weinigen weten dat de provincie Noord-Holland een van de belangrijkste groentegebieden van Nederland is. Vooral met bewaarkool en bloemkool neemt de provincie een belangrijke plaats in, evenals met de teelt van zaai-, poot- en plantuien.
Minder bekend dan de toeristische bollenvelden van Lisse en Hillegom levert toch Noord-Holland een groter aandeel in de nationale bloembollencultuur dan Zuid-Holland: van de oppervlakte bloembollen ligt 60% in Noord-Holland. Deze provincie moet het dan wel weer tegen Zuid-Holland afleggen als bloemteeltgebied 'onder glas'. Toch heeft ook Noord-Holland nog een 700 ha 'glasgebied'. Onder dat glas worden vooral geteeld: rozen, anjers, chrysanten en potplanten. Voor de groenteteelt onder glas (tomaten, sla, komkommers, paprika's) doet Noord-Holland kennelijk niet mee. In de cijfers daarover komt de provincie niet voor. Wat overigens niet wil zeggen, dat er in de kassen die u onderweg ziet geen kropje sla zou voorkomen.

het groene noord-holland

• Een vaart met riet en biezen en een 'gehurkt' huis onder een dreigende lucht: een beeld uit de Schermer, bij Ursem. Op de lage kleigronden, die 'droog' kwamen te liggen na de inpoldering van het door turfwinning ontstane meer, wordt vooral veeteelt bedreven.

Ik vind het bijvoorbeeld altijd weer een geweldige ervaring om na een strand- en duinwandeling in de polders terecht te komen. Zo van het zand in de klei. Dat duingebied is op zichzelf al een enorme attractie voor wie er met aandachtiger ogen kan kijken dan die van de snelle strand-passant. Vanuit de heuvels aan zee naar de lage weilanden en akkers, de sloten en de kanalen, 't is maar een klein eindje fietsen... In het noorden die grote rechte polders van Anna Paulowna en Wieringermeer, zuidelijker, bij Schagen en Heerhugowaard de kleinere, waar het trouwens ook al grootschaliger moet toegaan. En nog wat meer naar het zuiden, bijna vlak achter de duinen van Castricum, al dat plassen- en merengebied, dat zich naar het zuidoosten uitstrekt tot aan de IJsselmeerkust. Meestal snelt men er langs, over de drukke Coentunnelweg en zelfs wie daar in de beruchte file zit zal nauwelijks oog hebben voor wat er opzij te beleven zou zijn. Als je vanuit Amsterdam, over de Schellingwouderbrug naar het noorden rijdt, en de weg naar Durgerdam neemt (helaas onderaan de dijk lopend) zie je al een andere wereld. Op de dijk klimmend ervaar je daar ook een heel ander stuk natuur: het IJsselmeer. Men is niet zo gauw geneigd ook dit 'Noord-Holland' te noemen, maar dit geweldige binnenmeer heeft toch maar een grote invloed gehad (en nog) op het landschap, dat hier immers gekenmerkt wordt door de dijken. En wat zou trouwens Noord-Holland zijn zonder de laat ik ze maar noemen Zuiderzee-stadjes?
Met de vele Amsterdammers die inmiddels naar Almere zijn verhuisd is ook Zuidelijk Flevoland, hoewel nog niet officieel ingedeeld, een stukje 'Noord-Holland' geworden. En dat stukje bezit een internationaal vermaard natuurgebied als de Oostvaardersplassen, dat kenners in verrukking brengt en Europese politici in het geweer roept als er bedreigingen zijn.
Het is waar, bijna overal in Noord-Holland zie je, naast of achter 'de natuur' het silhouet van dorp, stad, fabriek of ander stuk 'cultuur'. Maar evengoed zijn er in dat platte land dat in zijn groene kanten zó door mensenwerk gevormd is, gebieden te vinden die geroemd worden om hun vogelrijkdom, hun verscheidenheid aan planten, hun vindplaatsen van zeldzaamheden. Sommige zijn van zo grote waarde dat ze zeer streng beschermd worden en alleen toegankelijk zijn voor wetenschappelijk onderzoek. Maar

het groene noord-holland

● Het water ligt als een glinsterende streep in het wijde land van de Schermer, het in de zeventiende eeuw met 52 windmolens drooggemaakte meer. De vaarten en brede sloten zijn de natte elementen, die de waterafvoer dienen en zo de droogmakerij droog houden.

De muskusrat, ook ● wel, ten onrechte, bisamrat genoemd, is berucht omdat hij gangenstelsels graaft in dijken en oevers, waardoor die ondermijnd kunnen worden en gevaar lopen gedeeltelijk te verzakken. Het dier wordt dan ook door een leger van muskusrattenvangers bestreden. Het dier komt hier niet van nature voor. In het begin van deze eeuw is het dier ingevoerd uit Amerika en in Tsjechoslowakije uitgezet.

vaak zijn ook die gebieden en gebiedjes van buitenaf in hun landschappelijke samenhang redelijk goed te bekijken.
Als het waterrijke gebieden zijn, zijn ze het best te beleven in een roeiboot. Wie een dagje geroeid heeft in bijvoorbeeld het door het Noordhollandsch Landschap beheerde Ilperveld bij Landsmeer zal moed kunnen putten uit het feit dat dit dan toch maar behouden is.
Bossen zijn er niet zo veel meer als weleer. Ooit moet het land bedekt zijn geweest met wouden. De naam van het land is immers ontleend aan Holt-land en 'holt' is een duidelijke verwijzing naar hout en boom. De bossen beperken zich tot de (aangelegde) duinbossen vooral bij Bergen en Castricum, de parkbossen van de Gooise buitenplaatsen, en de bossen van het Goois Natuurreservaat. Maar daar in Het Gooi heeft Noord-Holland dan ook nog heidevelden. Weliswaar sterk versnipperd, en sterk aangetast door de recreatie, maar ze voegen toch een element toe aan de vele die de provincie al heeft: strand, duinen, bossen, meertjes, polders, oude zeedijken, grote plassen, lange kanalen, moerassen en venen, rietvelden en buitenplaatsen. Elk heeft zijn eigen bevolking van planten en dieren, van sfeer en geluiden, van boeiende details of verbazende grootsheid.

het eerste 'natuurmonument'

Noord-Holland is ook de provincie met het eerste 'natuurmonument'. Want met het Naardermeer is de geschiedenis begonnen van de 'Vereniging tot behoud van natuurmonumenten in Nederland'. Actie tegen de plannen van de gemeente Amsterdam om dit meer te gebruiken als vuilstortplaats en veiligstelling door aankoop

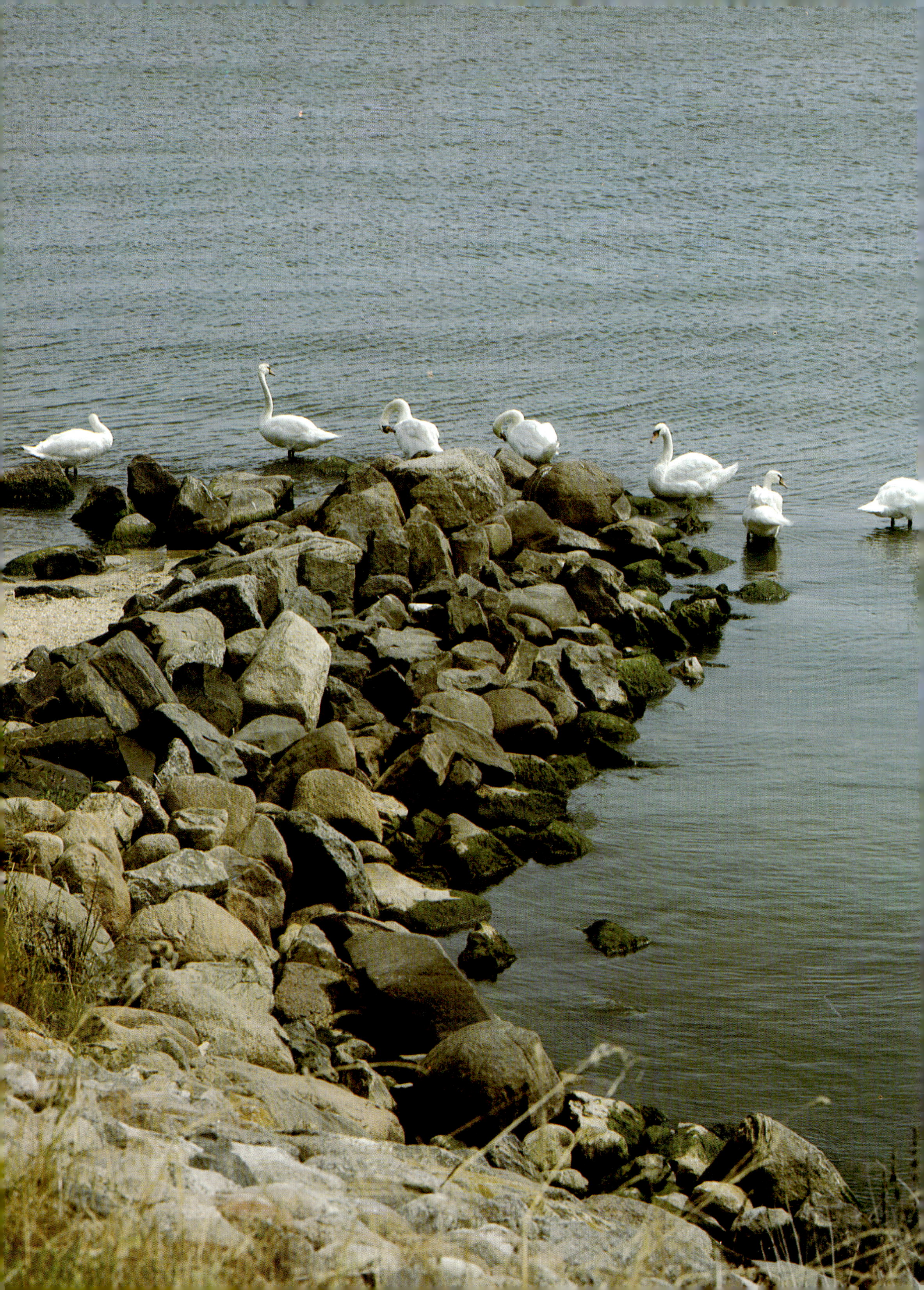

het groene noord-holland

Langs de IJsselmeerkust houden zich vaak veel voedselzoekende of rustende zwanen op. De bekende knobbelzwaan, waarvan hier een paar te zien zijn, komt er soms in aantallen van vele ● duizenden voor.

Vlas-oppers in een ●● heel grote, en moderne 'droogmakerij', Zuidelijk Flevoland, waar zowel veeteelt als akkerbouw wordt bedreven.

De Flevopolders zijn ● vermaard om hun vogelrijkdom.

leidde tot de oprichting in 1906. Dat dit Naardermeer, geroemd en beroemd om zijn betekenis als 'vogelparadijs', in onze dagen nog eens bedreigd zou worden door moderne ingrepen als grondwaterstandverlaging (in omringende weilanden) en waterververvuiling zal men toen niet bevroed hebben. In publikaties over deze bedreigingen wordt al gesproken over 'het lekkende Naardermeer' en 'het door uitdroging bedreigde meer'. En in zijn voorwoord voor het plaatjesalbum 'Naardermeer' schreef Jac. P. Thijsse in 1912: 'Al onze plassen en meren worden mettertijd wel gedempt of drooggemalen, maar het Naardermeer is bestemd, om in lengte van dagen nat te blijven'.
Noord-Holland heeft, behalve het eerste natuurmonument ook de eerste IJsselmeerpolder. Niet de Wieringermeer, hoewel dat de 'eerste officiële polder' was, maar een klein poldertje bij Andijk. Daar heeft men, om het eens te proberen, een proefpolder gemaakt van ongeveer 40 ha. In 1926 en 1927 werden daar onderzoekingen gedaan om een wetenschappelijke basis te hebben voor de ontginning van de Wieringermeer.
In die Wieringermeer prijkt nu een heus bos, het Robbenoordsbos, dat wordt beheerd door

het groene noord-holland

• Winter in de Purmer, waar de boerderijen met wat sneeuw buiten nog meer symbool worden van warmte en intimiteit.

Winters met veel en langdurig aanwezige sneeuw en ijs zijn moeilijke tijden voor watervogels. Zo'n knobbelzwaan op het ijs levert wel een mooi plaatje op, maar het stukje open water dat de grote vogel zoekt is maar klein. Op de achtergrond meerkoeten die onder de sneeuw voedsel zoeken. •

Veel dorpjes zijn ontstaan uit de nederzettingen van landbouwende pioniers op wat hoger liggende gronden. Een weg over een dijk langs kronkelend water verbond de kleine dorpen. Vaak is het oude dijken- en wegenpatroon nog te herkennen.

Staatsbosbeheer. En ook dat is weer een stukje Noord-Holland dat zijn eigen charme heeft. Ach, het is overal te vinden, in de Zaanstreek evengoed als in het zoveel historie bevattende Kennemerland, in het Vechtplassengebied en op Texel, in de Schermer en op het oude eiland Wieringen, in de polders van het midden en in de rechtlijnigheid van het nieuwe land in het oosten. Maar wie het heeft gevonden en het in de verrukking over schoonheid en natuurwaarden 'een ontdekking' geneigd is te noemen, die ervaart ook dat er moeite gedaan moet worden en wordt om de waarden te behouden. Ik heb het al eerder gezegd, en het is ook moeilijk te ontkennen, overal wordt 'het groene Noord-Holland' bedreigd. Soms heel brutaal en openlijk, soms ook heel stil, verborgen en sluipend. Wie op zwerftochten door dit mooie land 'ontdekkingen' doet komt ook, onherroepelijk, de aantastingen tegen. Zeker als hij heeft leren 'zien' en helemaal zeker als hij vergelijkingsmateriaal heeft met een aantal jaren geleden.

behoud van de groene ruimte

Met het constateren daarvan alleen zijn we er niet. In zijn serie beschouwingen rond het thema 'Het behoud van de groene ruimte' (in het blad 'Natuurbehoud', ter gelegenheid van het 75-jarig bestaan van 'Natuurmonumenten') schreef Frits Maas in 1981: 'Een volk, dat zijn natuur, milieu en landschap nog enigszins gaaf voor het nageslacht wil achterlaten dient zich daarvoor in al haar geledingen in te zetten: in de landbouw, in de recreatie, in het bedrijfsleven, in de sector van opvoeding en onderwijs, in het gezin, in het huishouden, in de kerken en bij andere levensbeschouwelijke groeperingen, in de politiek en op andere plaatsen waar belangrijke besluiten voor het openbare leven worden genomen. Meewerken aan het behoud van de groene ruimte kan op deze manier altijd en overal. Niet alleen door de beroepskrachten binnen de natuurbescherming, maar ook door de honderdduizenden leden van natuur- en milieubeschermingsorganisaties. Door, inderdaad, tegendraads op te treden, vragen te stellen, alternatieven aan te dragen, zelf het goede voorbeeld te geven, milieuvriendelijke processen te bevorderen en milieu-onvriendelijke processen tegen te houden.'

In een provincie, waar zoveel mensen wonen en zoveel fabrieken hun rook over zoveel natuurgebieden laten uitwaaieren, is dat een zeer acute, actuele zaak.

het groene noord-holland

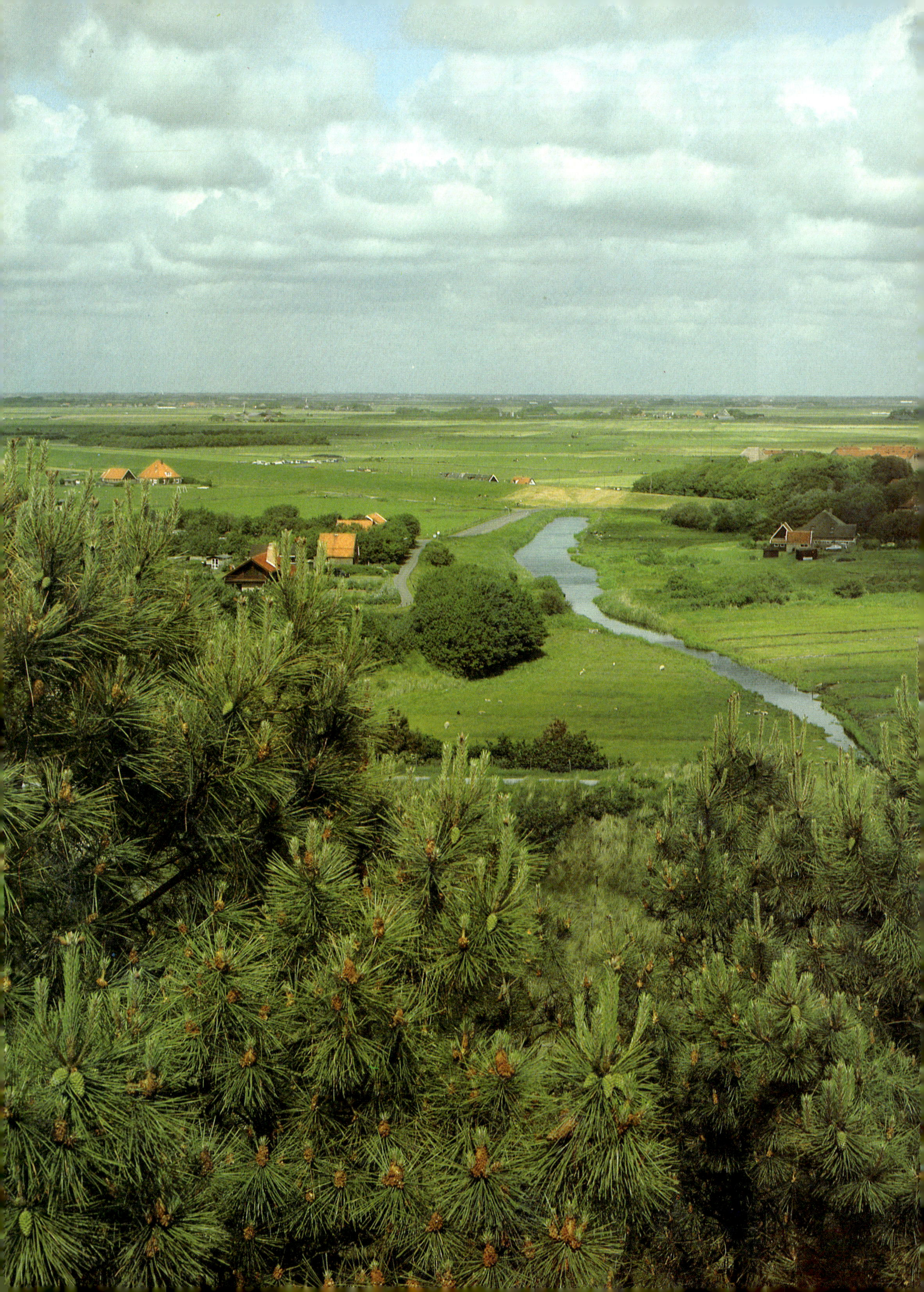

kustgebied

blond en zeer aantrekkelijk

De duinen van Noord-Holland wil menigeen nogal eens 'blond' noemen en er lijkt alle reden die zandheuvels langs de kust met enige lyriek te beschrijven. Ze vormen een door vele buitenlanders bewonderd en benijd stuk Holland, dat zowaar stilte kent en een veelheid aan kenmerkende soorten vogels en planten.
De waarde van die kuststrook, waar op zomerse dagen zoveel duizenden verkoeling zoeken en zonnebrand vinden, is niet alleen uitgedrukt in lovende beschrijvingen, maar ook in de vorming van natuurreservaten, die (vrij) toegankelijk zijn.

De boswachter loopt met lange, veerkrachtige passen langzaam tegen het hellende duinpad op. We kunnen hem redelijk bijhouden, maar boven staan wij te hijgen, terwijl de man-in-het-groen geen enkel teken van ademnood vertoont en vrolijk aan zijn verhaal begint. Dat is een verhaal over duinen als zeewering, die moet voorkomen dat de zee het laaggelegen achterland kan binnendringen. Het verhaal van de zeewind die overal waar los zand ligt dat wil verstuiven naar elders.
'Vandaar dat je niet in de duinen mag lopen', zegt een kalende heer in de richting van zijn zoontje. De boswachter pikt het op en zegt: 'Inderdaad, als iedereen maar vrij in de duinen kon rondstruinen was overal gauw de beplanting vertrapt en zou de wind kans krijgen het te verstuiven.'
Het verhaal krijgt een extra-accent, want dezelfde man merkt nu op, dat men het duinzand dan vasthoudt met helm.
'Maar dat wil hier niet groeien', zegt de boswachter. 'Hier in de Schoorlse duinen is het zand arm aan kalk en daar wil helm niet op groeien. Daarom heeft men het hier indertijd moeten zoeken in de beplanting met bomen, met Oostenrijkse en Corsicaanse dennen. Die groeien hier wel. Al in de 18de eeuw is men dat gaan proberen, maar daar kwam weinig van terecht. Ook in de 19de

● Verrassend mooi uitzicht en vreemd contrast. Vanaf een hoog duin bij Hargem (tussen Groet en Callantsoog) kijk je zo het vlakke polderland in, langs de hier van nature niet thuishorende dennen, hier door de mens aangeplant om het zand vast te houden.

● De gewone rolklaver is met zijn in groepjes bij elkaar staande vlinderbloemen snel te herkennen. 't Is een plant die in de duingebieden algemeen voorkomt.

De fraaie, kleurrijke ● tekening van de rups van de helmkruidvlinder.

kustgebied

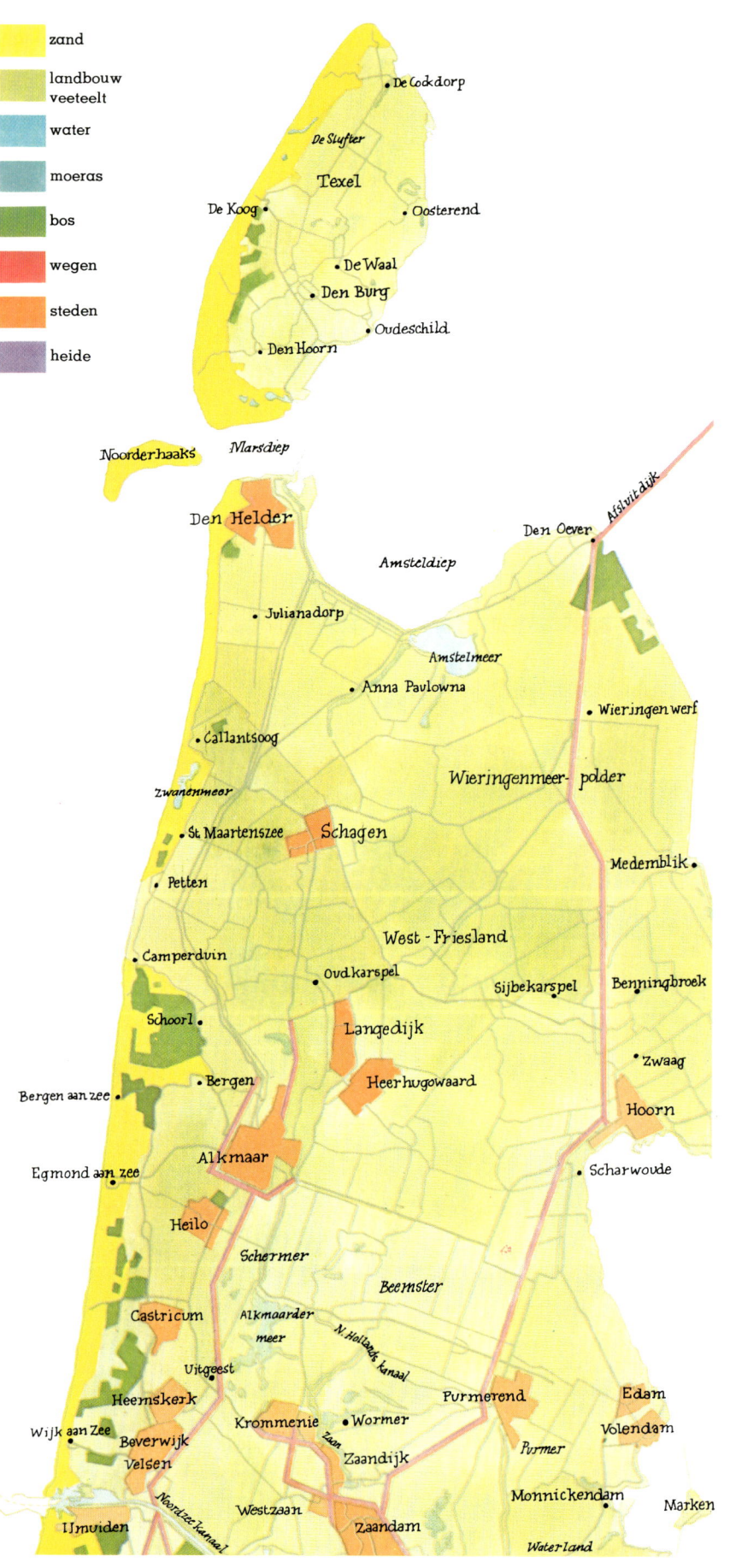

Legenda:
- zand
- landbouw veeteelt
- water
- moeras
- bos
- wegen
- steden
- heide

eeuw mislukte een aantal pogingen om de duinen te bebossen en het is allemaal eigenlijk pas goed op gang gekomen in het begin van deze eeuw, eind vorige eeuw toen Staatsbosbeheer op grote schaal de duinen kon bebossen en een eind kon maken aan het gevaar van de verstuivende duinen. Omdat het verschijnsel van zo'n verstuiving toch wel iets heel bijzonders is, zijn op een paar plaatsen in de boswachterij stukken open gebleven en daar komen wat je noemt "wandelende duinen" voor.'

Terwijl de boswachter vertelt en verder loopt, en ik wat in de achterhoede blijf hangen, herinner ik me een ander ooit in deze contreien gehoord verhaal. Het verhaal over de merkwaardige omstandigheid dat er een soort 'breuk' zit in de grondsoorten-geschiedenis van de kuststreek. Bergen is het centrum van die 'breuk': ten noorden ervan is de grond kalkarm, ten zuiden ervan kalkrijk. En omdat dit feit er de oorzaak van is dat er in het noorden andere planten groeien dan in het zuiden loopt hier ook de grens tussen twee plantengeografische districten: ten noorden van Bergen begint het waddendistrict, ten zuiden ervan ligt het duindistrict. Het is een merkwaardige toestand, die zich het beste illustreert met wat uitersten, want natuurlijk is er wel een overgangsfase. Maar zo ver hoef je niet eens te gaan, heb ik ervaren. Al bij Egmond zie je in de duinen die fraaie struiken staan, die geuren en kleuren: lijsterbes, meidoorn, berberis, duindoorn, egelantier. En ook diverse plantesoorten kun je er bloeiend fotograferen. Maar in de duinen van Schoorl is dat beeld verdwenen. Daar vind je dan wel weer heide, dophei en struikhei en soms kraaihei. En natuurlijk de aangeplante dennenbossen.

Het maakt het duingebied nog boeiender, dat letten op aard van het landschap en de begroeiing die je er ziet. Daar bij Schoorl is er natuurlijk een heleboel gesleuteld aan het oorspronkelijke landschap, maar toch is een wandeling ook daar interessant. Wie de kunst van het waarnemen goed verstaat kan overal in de duinen verschillen opmerken. Er is niet alleen het verschil tussen de duinen ten noorden en die ten zuiden van Bergen, maar in de streken zelf kan het aanzien ook verschillen. Want natuurlijk is het aanzien dat door de begroeiing wordt bepaald ergens door veroorzaakt. En die oorzaken verschillen. Daar liggen hellingen op de noordkant, daar op de zuidkant, hier is het droog, daar nat, ginds is het altijd winderig, elders beschut, in dat deel stuift nog steeds zand, in het andere deel is het zand al jaren tot rust gekomen. En, wat 'logisch' lijkt, de duinen vlak aan zee zijn anders dan de binnenduinen vlak bij de oude dorpen.

kustgebied

● Ook op minder zonnige dagen is het strand attractief. Veel strandwandelaars zullen er misschien niet bij stilstaan, dat ook de Noordzee een geweldig rijk stuk natuur is. Helaas wordt deze natuur vaak gebruikt als algemeen vuilnisvat: allerlei vuil wordt maar rechtstreeks of indirect (via de rivieren) in zee gestort.

Overal heb je kleine en grote 'milieu-typen'. En dan hoef je nog niet eens te denken aan de invloeden van dier en mens, waarbij de laatste al lang geleden door veehouderij en jacht zijn sporen achterliet.
Met dat onderscheid ligt er in elk duingebied van enige omvang een boeiende speurtocht te wachten.

pioniers- en duinenmakers

Het strand lijkt in eerste instantie voor velen een plek om op zonnige vakantiedagen lekker lui te wezen of in koelere tijden een fikse wandeling te maken. Maar op zo'n wandeling kan zich ook al een 'natuurtafereel' vertonen. Daar waar de zee het zand bespoelt en zich steeds weer terugtrekt scharrelen soms kleine, druk-driftige vogeltjes. Tussen het schuim liggen er soms bijzondere schelpen, trossen wier of de te klein geworden jas van een krab. Maar ook stukken hout, een fles en een kapotte plastic mand.
Soms is het stuk waar de zee tegenaan klotst hoog opgewaaid en liggen erachter nog plassen van de vloed. Soms ook zie je een 'pukkelstrand', als er allerlei schelpjes en kleine voorwerpjes zijn blijven liggen op een hoogte-tje in rondom weggewaaid zand.

Maar het voor mij altijd weer boeiendste natuurfenomeen aan het strand is het bestaan van plantjes. Het lijkt onmogelijk, maar in die woestijn van zand, waar de zoute wind altijd overheen blaast, wil nog iets groeien. Het moeten planten zijn die met weinig voedsel genoegen nemen. Want ook al komt er door de omzetting van veel aangespoelde materialen wel enig voedsel in het zand terecht, veel zal dat niet zijn.
Je vindt ze vaak dicht tegen de duinen aan, deze pioniers. Want het zijn inderdaad pioniers, wegbereiders voor anderen. En... duinenmakers. 'Met de plantjes is het allemaal begonnen', vertelde me eens een duinkenner op een zo windstille dag dat hij het verhaal van de duinvorming nauwelijks kon illustreren. Maar ik kon me voorstellen hoe de wind, het zand van het strand voor zich uit jagend, op zijn weg hindernissen tegen kan komen waarachter het zand tot rust komt en blijft liggen, zich langzaam ophopend tot een heuveltje.
'Maar een ding, een oude schoen, of een mand, kan dat zand niet vasthouden. Als er een oude schoen op het strand ligt, kan er bij harde wind wel een hoopje zand achter komen te liggen, maar hoger dan die schoen wordt dat heuveltje niet. Het topje wordt weggeblazen. En als iemand eens die

kustgebied

• De harlekijnsorchis is een van de wilde orchideeën die in Nederland voorkomen. In totaal hebben de kenners ongeveer veertig soorten gesignaleerd. Deze harlekijnsorchis komt voor in de duinen. Ook Texel kent ze. Orchideetjes zijn wettelijk beschermd.

• Het lijkt een achteloos gebouwd nest: een kuiltje in wat schelpengruis en aanspoelsel. Maar voor meeuwen is dat vaak voldoende. Meeuwen broeden overigens vaak in grote groepen bij elkaar, in kolonies. Zilvermeeuw en kokmeeuw zijn de laatste jaren sterk in aantal toegenomen.

schoen oppakt, verdwijnt bij de volgende windvlaag het hele duintje. Nee, de echte duinbouwers zijn de planten. De eerste pionier is de zeeraket. Dat is een plant met dikke, vlezige bladeren, die goed is opgewassen tegen zout zeewater, wind, overstuiving door zand en grote temperatuurverschillen. Hij wordt niet zo groot en sterft ieder jaar weer af, maar ondertussen kan hij zaad zetten en met zijn overblijfselen de grond bemesten. Hij kan ook opgewaaid zand vasthouden, net als een andere plant, het biestarwegras, ook zo'n taaie rakker. Waar die verschijnt krijg je mooie duinvorming te zien. Dat biestarwegras vormt met zijn polletje een hindernis, net als die oude schoen. Maar het zand dat in dit gras terechtkomt, waait haast niet meer weg. Het gras groeit erdoorheen, komt hoger en hoger en ook het zand dat er in terechtkomt, en het heuveltje dat erachter ontstaat. De plant gedijt goed in dat klimaatje en krijgt ondergronds steeds meer uitlopers waarop weer stengels verschijnen. Dat geheel houdt het stuivende zand goed vast. Steeds weer slaagt de plant erin boven het zand uit te komen. En dus ontstaat er een klein heuveltje. Maar verderop ook en daarachter ook. Een hele rij heuveltjes kan ontstaan. Op zeker moment, als zo'n heuvelrij boven de gemiddelde vloedlijn ligt, komt er weer een andere pionier bij om het verder af te maken, de helm. Dan zit er door regenwater al wat 'grondwater' in en dan komen er zich meer planten vestigen. Als de duinen hoog genoeg zijn om wind en zee te kunnen keren ontwikkelt zich aan de achterkant van de duinen in de luwte een nieuwe vegetatie, waarin dan ook struiken kunnen voorkomen. Maar dan zijn er al zoveel jaren verstreken, dat dit duingebied al bijna "binnenduin" is en geen "zeereep" meer. En na veel jaren kunnen er zoveel invloeden optreden, dat het duin zich hier en daar weer anders ontwikkelt.'

Het is hier en daar te zien, die duinvorming. Het dichtst bij zee, aan de voet van de al gevestigde duinen, maar ook op zandplaten, zoals die aan de zuidkant van Texel. Trouwens, wie naar zee wandelt door een duingebied, ziet dat doortrekgebied steeds 'kaler' worden. En dicht bij zee, in het rulle zand van de laatste duinenrij, de 'zeereep', is achter het prikkeldraad dat de duinen tegen betreding moet beschermen goed te zien hoe helm van opgewaaid zand fraaie welvingen heeft gemaakt. De duinen groeien daar nog steeds. Maar ze moeten dan wel achter dat

kustgebied

Een stukje van de zeereep op Texel. Vlak bij de zee zijn de jonge duinen nog maar schaars begroeid en kan de wind nog zand verstuiven. Toch groeit in dit barre milieu al een aantal 'pioniers', die het zand kunnen vasthouden.

nare prikkeldraad blijven. Wanneer de beplanting wordt vertrapt en het zand niet meer wordt vastgehouden kan de wind er vat op krijgen.

verstuiving

Het probleem van de verstuivende duinen heeft men in het noorden van Noord-Holland lange tijd ervaren. Door de bodemsamenstelling die kalkarm is, wilde helm ten noorden van Bergen vrijwel niet groeien. Weliswaar ontstonden er duinen door de activiteiten van andere planten, maar op een bepaalde hoogte kreeg de helm, die de taak moest voortzetten, geen kans. Bij harde westen- en zuidwestenwind 'rookten' de duinen van het stuivende zand en raakten vruchtbaar gemaakte akkers aan de randen ondergestoven. En net als op de Veluwe zijn ook in deze kuststreek woonplaatsen bedreigd. De oplossing vond men in het beplanten met bomen, vooral met de taaie dennen. Hoewel al in de vorige eeuw daarmee is begonnen, lukte die beplanting toch pas goed toen die, begin deze eeuw, op grote schaal kon worden gerealiseerd.
Een belangrijke veroorzaker van de vroegere duinverstuivingen was het konijn. Sinds de invoering van dit beest in de middeleeuwen heeft het zich zo 'bij de konijnen af' kunnen vermenigvuldigen, dat een overvloedige duinbevolking ontstond. Met graven van holen en vreten aan begroeiing zorgden ze voor een te slecht ontwikkelde plantengroei die het zand niet overal meer kon vasthouden. (Behalve het konijn is ook de fazant ten behoeve van de jacht ingevoerd in het duingebied.)
Verstuiving kon trouwens ook ontstaan door beweiding. Vroeger liet men nogal eens koeien en schapen in de duinen grazen. Bij al te intensieve beweiding kon het sterk afgegraasde plantendek ook nog worden stukgetrapt. Verstuiving was dan de volgende fase. In de vorige eeuw werden trouwens in het duingebied, dicht bij zee zowaar, stukken ontgonnen voor de landbouw. Bij Heemskerk, Zandvoort en Overveen heeft men geprobeerd land- en tuinbouw te bedrijven. Want die duinen waren 'onnut' en 'woeste grond', die toch iets moesten opleveren. Maar de pogingen zijn vrijwel alle mislukt. Menige boer leidde er een zeer moeilijk en armoedig bestaan. Op enkele plaatsen kunnen de goede terreinkenners nog die veldjes, waar veelal aardappelen werden verbouwd, terugvinden. De natuur heeft na die pogingen

kustgebied

• Zwartkopmeeuwen lijken veel op kokmeeuwen, die 's zomers ook een donkere kop hebben. Zwartkopmeeuwen hebben geen zwart op de vleugels. Ze broeden maar zeer spaarzaam in ons land.

Bijna een buitenlands • strand, met al die dikke keien. De bij Huisduinen door de natuur maar zwak bedeelde kust is hier door de mens versterkt tot een stevige zeewering.

• Een kwal is een dier, dat op het strand niet graag gezien wordt. Het lichaam bestaat uit twee lagen waartussen een veel water bevattende gelei-achtige stof zit. De tentakels hebben netelcellen, waarmee prooi (visjes, garnalen) kan worden verlamd.

haar terrein herwonnen. Alleen in de bollenstreek heeft de mens definitief beslag gelegd op de oude binnenduinrand. De vroege bebossingen vonden veel hun oorsprong in de mogelijke houtopbrengst in de verder 'onnutte' duinen.

de kuststrook

Als je praat over 'de kuststrook van Noord-Holland', dan heb je het vaak vooral over de duinen. Want hoe aantrekkelijk op een warme zomerse dag het strand ook mag zijn, hoeveel knusse, gezellige, interessante en nijvere dorpen en steden er ook liggen, voor de verkenner van het 'groene Noord-Holland' zijn toch die duinen het terecht ook internationaal vermaarde kustgebied. Weliswaar is die kust tussen Vogelenzang en Den Helder (of eigenlijk: De Cocksdorp op Texel) niet meer één duinenrij – de sluizen- en industriecomplexen van IJmuiden/Velsen vormen een deerlijke onderbreking –, er liggen toch zulke uitgestrekte natuurgebieden, dat je er als wandelaar dagen kunt zwerven.
Sommige van die gebieden geven een prachtig overzicht en inzicht in de opbouw van een duinstreek. 'Duin en Kruidberg' bijvoorbeeld, van 'Natuurmonumenten', een terrein waar ik eens in het voorjaar van

kustgebied

Een niet vaak gefotografeerd stukje bij de Hondsbosse Zeewering.

een overgangsgebied. Dat ligt zo ongeveer tussen Egmond aan Zee en Bergen en de kenners raken hier verrukt over de overgangsvegetaties. Daarin bevinden zich ook diverse soorten orchideeën.
De aanwezigheid van (veel) zoetwater trekt veel vogels, die anders niet aanwezig zouden zijn, zoals diverse eendesoorten en zelfs weidevogels, in de omgeving van het infiltratieveld. De vogelliefhebbers kunnen hier trouwens volop aan hun trekken komen want elk deel heeft zijn eigen bevolking: van zeereep tot binnenduin ligt er een veelheid aan leefgebieden, zodat men er 'van alles wat' vindt, van zilvermeeuw tot kievit en van bergeend tot zwartkop.
Het noordelijk, Bergense, deel van het Noordhollands Duinreservaat grenst aan de boswachterij Schoorl. Dit duin- en bosgebied van Staatsbosbeheer ligt tussen Bergen-binnen, zee en Camperduin waar de Hondsbosse Zeewering begint. In dit 1750 ha grote duingebied komen de hoogste duintoppen voor. Het is voor de helft ongeveer beplant met vooral uitheemse dennesoorten. Dat is eind vorige, begin deze eeuw vooral gedaan om het zand vast te leggen, om verstuiving te voorkomen. Ook hier is er een veelheid aan recreatieve voorzieningen, zoals wandelroutes,

hondsbosse zeewering

De duinenrij van Noord-Holland vertoont drie gaten. Het eerste is natuurlijk: het Marsdiep tussen Texel en de 'vaste wal'. De andere twee zijn die van de sluizen en pieren van IJmuiden en de brede dijk tussen Camperduin en Petten, de Hondsbosse Zeewering. Het is merkwaardig, dat er hier nooit een zodanige duinvorming heeft plaatsgevonden, dat die duinen, zoals elders, de streken erachter konden beschermen.
Er heeft ooit wel een beetje duin gelegen, maar deze strook was zo smal, dat de zee er gemakkelijk spel mee had bij de hevige storm en springvloed, die later werd betiteld als

'Sint-Elisabethsvloed'. Dat was in 1421. Bij deze ramp verdween het dorpje Hondsbosch in de golven en ontstond de inham Zijpe.
Pas in 1447 werd een nieuwe zeewering gebouwd en deze kon het ruim honderd jaar volhouden. In 1570 deed zich opnieuw een ramp voor. De Allerheiligenvloed brak ook deze dijk en honderden mensen verloren het leven.
De zware dijk die het erachter gelegen en inmiddels al lang weer door inpoldering op de zee heroverde land beschermt, is gebouwd in 1780. Hij is vier-en-een-halve kilometer lang, heeft een basaltglooiing en palenrijen, terwijl de golven worden gebroken door in zee stekende 'hoofden'.

kustgebied

Niet ver van de Velsertunnel staat het fraaie Beeckesteyn, dat als oorspronkelijk 14de- eeuws (nu 18de-eeuws) buitenhuis een museum huisvest. Bij het statige huis liggen stijltuinen; verderop ● een mooi wandelbos.

● Het landgoed Waterland, vlak bij Velsen en buurman van Beeckesteyn, is een fraai, parkachtig natuurgebied, dat uitsluitend toegankelijk is voor leden van 'Natuurmonumenten'. Het heeft een grote afwisseling in landschapselementen, waarin diverse vogelsoorten zich thuis voelen.

picknickplaatsen, speelweide enz. Er is een bezoekerscentrum (aan de Schoorlse zeeweg) waar men uitgebreide informatie kan krijgen over het natuurleven in dit duingebied. Achter de Hondsbosse Zeewering liggen dan nog enkele plasjes van 'Natuurmonumenten', maar die zijn alleen toegankelijk voor wetenschappers-met-een-briefje. Iets noordelijker, ten westen van Schagen, in de Zijpe- en Hazepolder, ligt ook Het Wildrijk van 'Het Noordhollandsch Landschap', een bos-in-de-polder, en hoewel de duinenrij zich nog voortzet tot aan Den Helder liggen daar geen bijzondere bescherming genietende natuurterreinen. Wel is er bij Den Helder het gebied met de naam 'De Donkere Duinen'. Een vermaarde uitzondering op de bewering, dat er na Petten geen natuurreservaten meer zijn, is natuurlijk het 'Zwanenwater' ten zuiden van Callantsoog. Wie de zuidelijker gelegen duingebieden heeft bezocht en daar de effecten heeft gezien van de drinkwatervoorziening zal dit door 'Natuurmonumenten' beheerde gebied ervaren als 'ongerept'. Weliswaar mag je er alleen maar langs een vaste route wandelen, maar van de sfeer en de waarden is er genoeg te ondergaan. De twee duinmeren zijn natuurlijk en met hun oeverlanden met riet en struweel zijn dat dorado's voor vogels, waaronder de spectaculaire lepelaar. Er is trouwens in dit gebied ook een grote verscheidenheid aan plantesoorten, want er zijn veel overgangen van droog naar nat.

water-onttrekking

De 'blonde duinen' van Holland, zo vaak terecht, bejubeld, zijn, ondanks beschermingsmaatregelen, niet ontkomen aan verstoring en aantasting. Een van de grootste aantastingen is wel geweest de

kustgebied

Ook het kustgebied is tegenwoordig het domein van de hengelsportliefhebber. Het lijkt een wat beweeglijker bezigheid dan de hengelsport langs vaart of plas, maar ook hier wordt veel geduld beoefend.

Tot strandvondsten kunnen ook kwallen worden gerekend. Vooral bij sterke oostenwind willen ze nog wel eens op het strand terechtkomen. (Door de oostenwind ontstaat een over de bodem landwaarts gerichte onderstroom, die kwallen kan meenemen.)

• De pioenroos is een welhaast 'ouderwetse' tuinplant, die ook voorkomt in struikvorm. Het is een geslacht met erg veel (gekweekte) variëteiten, met opvallende bloemen.

water-onttrekking. Halverwege de vorige eeuw al, toen er veel minder mensen in Noord-Holland woonden, begon men met die waterwinning in de duinen. (Op het ogenblik leveren in heel Nederland nu 24 duingebieden grondwater, met een totaal- 'opbrengst' van ongeveer veertig miljoen kuub per jaar.) Maar met het groeien van de bevolking en de toenemende waterbehoefte bleek dat de duinen toch niet onuitputtelijk waren. Er werd meer uitgehaald dan er door regen in kwam. De duinen droogden uit. Dat wil zeggen van zoet water. Door het weghalen van het zoete grondwater steeg echter het zoute water. Om verzilting van water en duinen verder te voorkomen is men in Noord-Holland in de jaren vijftig begonnen met het aanvullen van de zoetwatervoorraad in de duinen door infiltratie met (vervuild!) rivierwater. Het duinzand filtreerde het water, dat overigens later, na het weer oppompen wel een zuiveringsproces onderging.

De drinkwaterwinning betekende weliswaar een bescherming tegen woningbouw, wegaanleg, recreatie en verontreiniging, maar zorgde ook voor aanvankelijke uitdroging. Verscheidene duinmeertjes en vochtige duinvalleien (met een bijzondere plantengroei) verdwenen en daarmee ook verscheidene plantesoorten en diverse vogelsoorten.

Toen dus de plannen bekend werden om weer water in te voeren dacht menigeen, dat de oude situatie zich zou herstellen.
En inderdaad, er kwamen weer duinmeertjes en hier en daar een vochtige vallei. Maar de orchideetjes, de planten als parnassia, wintergroen, addertong, maanvaren en duizendguldenkruid kwamen niet terug.
Het vervuilde rivierwater zorgde met zijn voedingsstoffen eerder voor de ook elders te vinden soorten, zoals akkerdistel, brandnetel, wilgeroosje en watermunt. Het nodige

kustgebied

• Het dorp Den Hoorn, op Texel, ligt op een lage heuvel. In het landschap valt trouwens ook de slanke toren op van de uit omstreeks 1500 daterende hervormde kerk. Die witte toren was vroeger en is ook nu, een mooi herkenningspunt voor wie op zee is. Van het aloude vissersbedrijf is weinig over. 't Is àl schapen- en bollenteelt.

graafwerk veroorzaakte een zodanige verstoring dat daar de oorspronkelijke begroeiing nog lang niet terug is. Ook op de vogelbevolking had deze ingreep effect. Die veranderde van karakter en in aantallen. Duin en strand zijn ook al vanouds geliefde bestemmingen voor een dagje-uit of voor langer durend verblijf. Kampeerterreinen en bungalowparken hebben in de loop der jaren op veel plaatsen gebied veroverd en mét de daarbij 'horende' voorzieningen als parkeerplaatsen en aanrijwegen, én wat daar verder bij komt als drukte, lawaai, uitlaatgassen, vervuiling. Dit heeft het duingebied op sommige plaatsen sterk beïnvloed. Vrijwel overal is het strand gemakkelijk bereikbaar en waar dit in het verleden niet of nauwelijks het geval was zijn er wel toegangswegen gemaakt, dwars door de duinen.

Het genieten van frisse zeelucht, de wijdheid en de ruimte van het strand en het landschappelijk moois van de golvende heuvels bleef ook niet beperkt voor de velen die in de overvolle Randstad woonden. Ook van veel verder, met name uit Duitsland, kwamen en komen vele tienduizenden naar de westkust. Hoewel de meesten van al die recreanten het strand opzoeken heeft toch ook het duingebied de invloed ondergaan van het massaal geworden 'naar-zee-gaan'. Die ontwikkeling was, met het zo snel groter worden van de bevolking in één deel van het land, én met de toegenomen welvaart, vrije tijd en mobiliteit, nauwelijks tegen te houden. Zelfs niet, als alle politici en bestuurders het boekje 'Duinen' hadden gelezen van Jac. P. Thijsse, die in het laatste hoofdstuk over de mogelijkheden van een 'nationaal park' schreef: 'En voor het "vermaak" geen gekke bokkesprongen maken en wel bedenken, dat voor meer dan de helft van onze bevolking een gebied ligt, voor hen gemakkelijk te bereiken en ongeëvenaard als recreatie-oord in den allerbesten zin des woords; recreatie voor lichaam en geest en ziel en voor een gezond volksbestaan minstens even noodig als brood zelve. Doordat in den loop der eeuwen zoo ontzettend veel is verloren gegaan en bedorven heeft thans iedere vierkante meter duin bijzondere waarde.'

texel

Het zou een 'gewoon' stuk Noord-Holland kunnen zijn: van het mooie strand komend, door de duinen wandelend, de fiets weer opnemend en door het bos gaande kom ik op de verkeersweg waarachter de weilanden

Tesselaars op de dijk • bij de Waddenzee die het lage deel van het eiland beschermt tegen het water. Meer dan de helft van het 25 kilometer lange en 9 kilometer brede eiland wordt gevormd door polders. De weilanden van de polders worden veelal gestoffeerd met schapen. Op het eiland lopen er gemiddeld steeds zo'n 30000. Ook de veehouderij met melkkoeien neemt een belangrijke plaats in op Texel.

kustgebied

kustgebied

● Texel heeft prachtige, brede stranden, maar de zee néémt ook terug. Door kustafslag verdwijnen aan de Noordzeekant jaarlijks grote stukken Texel. Daardoor komen vermaarde natuurgebieden als Slufter en Muy in gevaar. Bij storm wordt het eiland steeds een beetje kleiner.

liggen. Hier en daar een boerderij, een dijk, wallen, schapen en koeien. En ik weet dat er in het polderland kleine plasjes liggen, en sloten, een eendenkooi en nog verder een zeedijk en buitendijkse kwelders en slikken. Het zijn elementen, die je elders in de provincie ook vindt en dus zou het een 'gewoon' stuk Noord-Holland kunnen zijn. Maar elke keer weer als ik op Texel kom ervaar ik een andere sfeer. Een sfeer waarin het allemaal niet 'gewoon' is maar bijzonder. Is het de vaartocht met de boot naar een eiland? Is het de geur van de zee die je blijft opsnuiven? Op Texel zelf is het moeilijk het idee van 'eiland' te blijven houden. Dit Noordhollandse waddeneiland is met zijn 18 000 ha zo groot dat je, er toevend, zelden het idee hebt op een eiland te zijn. Als je dat nadrukkelijk wel wilt ervaren zou je er helemaal omheen moeten lopen, zoals de bekende Jac. P. Thijsse rond de eeuwwisseling eens deed, toen de omtrek van het eiland langs de hoogwaterlijn en de zeedijken een zestig kilometer bedroeg. Daar heb je ook nu wel twee, drie dagen voor nodig, al zullen sommigen het in één dag kunnen doen.

Een eiland dus, maar met alles erop en d'r an wat ook het vasteland van Nederland heeft: zee, strand, duin, bos, hei, polders, sloten, boerderijen, dorpen, meren, havens, molens, dijken. Een eiland met een toch heel bijzondere sfeer en zelfs, naar men beweert, met een eigen klimaat met meer dan het gemiddelde aantal uren zon en met minder regen…

In verscheidene publikaties heeft Texel ook bijnamen gekregen, die variëren van 'Schapen-eiland' tot 'Vogel-eiland' of 'Vogelparadijs'. Om te erkennen dat ook die laatste naam gerechtvaardigd is, dient men even met aandacht te kijken naar de vele vogels die men kán zien. Men moet het dan maar van de kenners aannemen, dat hier meer dan honderd soorten broeden en dat nog meer Texel bezoeken. Een kenner als Jac. P. Thijsse noemde het eiland in zijn in 1927 verschenen plaatjesalbum 'Texel', 'het schoonste en het rijkste' van de Waddeneilanden.

Er is sinds de tijd van Thijsse wel het nodige veranderd op Texel. Al is het een eiland, het is niet zo geïsoleerd, dat de moderne ontwikkelingen er aan voorbij zouden (kunnen) zijn gegaan. Waterverontreiniging, een enorme toename van de recreatie en grote veranderingen in de landbouw en veeteelt hebben ook op Texel invloed gehad.

kustgebied

De fraai getekende en daardoor ook opvallende zwart-witte kluut heeft een kenmerkende lange, omhoog gebogen snavel. Met die snavel 'maait' hij door het ondiepe water van het wad of een nat slikterrein om voedsel te zoeken. Op zijn hoge, blauwgrijze poten stapt hij sierlijk rond. Na een inzinking (bij de uitbreiding van het Rotterdamse havengebied) neemt het aantal in ons land broedende kluten wel weer iets toe. Hun leefgebieden blijven echter bedreigd.

• Jonge kluten komen na 23 dagen uit het ei en scharrelen al vrij kort na hun geboorte zelf hun voedsel bij elkaar. Voor vijanden (vaak rovende meeuwen) kunnen ze moeilijk vluchten, want pas na zes weken vliegen ze. De ouder-kluten verdedigen daarom fel hun jongen.

Ruilverkavelingen, compleet met vergroting van bedrijven en intensivering, hebben hun sporen nagelaten.
Toen Thijsse aan het slot van zijn album 'Texel' iedere lezer uitnodigde 'een geregelde gast' te worden, het liefst drie keer per jaar te komen en schreef dat 'hoe meer gasten hoe liever' waren, toen was 'de recreatie' geen probleem. Nu wel. De grote toevloed van mensen in de zomermaanden en de pogingen voor die massa recreanten accommodatie te maken hebben op het eiland veel veranderd.

de tesselaars blijven altijd buiten

Maar nog steeds is Texel een bijzonder en mooi eiland, dat dan ook terecht op de lijst staat van potentiële nationale landschappen. Zijn vogelrijkdom is (nog) groot, al komen veel soorten alleen nog maar broedend voor in de beschermde gebieden, de natuurreservaten. Al vroeg hebben natuurbeschermers ingezien, dat, om te voorkomen dat winzucht zou leiden tot 'velerlei ontwijding en verarming van het heerlijke landschap', op het eiland 'een onverdroten en stevige actie gevoerd moest worden voor natuurbescherming'. Dat leidde al in het begin van deze eeuw tot vorming van natuurreservaten. De Vereniging tot behoud van natuurmonumenten, de Nederlandse Vereniging tot bescherming van vogels en Staatsbosbeheer hebben in de loop der jaren zoveel actie gevoerd, dat nu ongeveer een vijfde deel van het eiland natuurreservaat is. Sommige zijn geheel afgesloten voor het publiek, andere zijn gedeeltelijk open, of zijn te bezoeken bij excursies, onder leiding van 'de boswachter'. Maar er blijft zoveel ruimte, zoveel moois en zoveel stilte over, dat u niet op die boswachter hoeft te wachten. Op de meegenomen of gehuurde fiets zijn schitterende tochten te maken over het altijd nog een dikke twintig kilometer lange en tien kilometer brede eiland. En de wandelaar kan dagen zwerven door stukjes natuur die dan misschien niet zóveel verschillende vogelsoorten hebben, maar waar toch steeds weer vogels en planten aandacht vragen. Beiden, fietser en wandelaar, zullen op hun tochten al die kleine dingen (kunnen) zien, die Texel maken tot wat het is: de duinen en duintjes, de paddestoelen in het bos, maar ook die typische lage dijkjes, de 'tuinwallen', die heel lang geleden zijn opgeworpen als afscheiding tussen de diverse percelen weiland. De schapen, de 'schapeboeten' waar nooit schapen in komen omdat de

kustgebied

Tesselaars altijd buiten blijven, de dorpjes met, toch nog, aardig bewaarde geveltjes en intieme sfeertjes.
En hier en daar zal men, al een beetje moe geworden, de 'klim' kunnen ervaren naar de hogere delen. Want Texel heeft ook zijn hoogten, al zijn die niet zo spectaculair. Maar de Hoge Berg, ten zuidwesten van Den Burg, ligt toch een tien meter boven het zeeniveau. Deze hoge gronden, die zijn ontstaan door grond opstuwende gletsjers in de ijstijden, en bestaande uit zand, leem en grind, vormen de oudste kern van het eiland, die duizenden jaren geleden al bewoond raakten.
De man, die me dat eens vertelde bij een strandwandeling, tekende toen in het zand grofweg de vorm van het eiland en zei: 'De Texelse dorpen Den Hoorn, Den Burg, De Waal en Oosterend liggen ook in bijna één lijn op die hoge grond. Da's logisch, daar waren de eerste mensen, daar ontwikkelden zich dorpen. Daartegenaan, hier dus, ontwikkelde zich van zuidwest naar noordoost een strandwal, waarop nog later weer duinen tot ontwikkeling kwamen. Aan de noordkant lag het eilandje Eijerland, dat in de zeventiende eeuw aan Texel werd vastgemaakt. Aan de oostkant, waar de kust

● Een grote attractie op Texel is het 'Natuurrecreatiecentrum' bij De Koog. Natuur en landschap van het eiland worden aantrekkelijke informatie-onderdelen. Spectaculair is een aantal zeehondenbassins. Voor menigeen de enige mogelijkheid om zeehonden te zien. Want in de Waddenzee zelf zijn er nog maar een paar over. De milieuvervuiling heeft hard toegeslagen.

● Op veel plaatsen op Texel kan men de indruk krijgen van ouderwetse landelijkheid. Maar ook op dit eiland wordt moderne landbouw toegepast. Dat moet ook wel als men mee wil komen in de strijd om hogere produktie. Texel levert een groot aantal liters melk.

●● Kennelijk valt er wat te halen in deze brede sloot bij Oosterklief, een buurtschap op het voormalige eiland Wieringen. Want vogels als deze zilvermeeuwen hebben heel snel door waar voedsel is te vinden.

kustgebied

meeuwen langs de kust

'Zeemeeuwen' pleegt menige Nederlander de ranke en snelle witte vogels te noemen, die boven zee, strand en duinen zweven, en die altijd speuren en spieden naar voedsel. Maar onder die term vallen diverse meeuwen. De bekendste zijn de zilvermeeuw en de kokmeeuw en misschien ook wel de stormmeeuw. De kokmeeuw is een kleine meeuw, die veel vakantiegangers wellicht alleen zullen kennen in zijn verschijningsvorm met de bruinzwarte kop. 's Winters mist deze, overigens ook in de steden voorkomende en zelfs ver het binnenland in broedende meeuw die donkere kop. Met zijn rode snavel en rode poten en zijn zwarte vleugelpunten is hij gemakkelijk te herkennen.

Een 'echte' zeemeeuw is de zilvermeeuw. Dat is een grote vogel die eerder zilvergrijs genoemd kan worden dan wit. Een duidelijk herkenningspunt is de snavel: die is groot, geel en heeft een rode vlek. De poten zijn rood. De zilvermeeuw is hier het hele jaar, maar dat soortgenoten in het hoge noorden toch wel trekken blijkt uit het feit, dat 's winters hier nogal wat doortrekkers en wintergasten zijn te signaleren. De zilvermeeuw is in ons land sterk in aantal toegenomen en kenners schrijven dat vooral toe aan zijn eigenschap als 'alles-eter'. Hij zoekt zijn voedsel evengoed tussen afval als in het nest van eidereend of bergeend. In hun kolonies (zilvermeeuwen broeden in grote aantallen bij elkaar op één plek) schromen ze zelfs niet de jongen van de buren te pakken, als ze daartoe de kans krijgen. Beschermende maatregelen hebben de zilvermeeuw geholpen om zich stevig uit te breiden. Men schat het aantal zilvermeeuwen in Nederland op zo'n 200 000.

Ook de stormmeeuw is langs de kust te zien. Op het eerste gezicht verschilt hij weinig van de zilvermeeuw, maar wie goed kijkt ontdekt duidelijk een onderscheid. Hij is iets kleiner dan de zilvermeeuw en heeft een wat je zou kunnen noemen 'bolle' kop. Bovendien heeft de stormmeeuw een groenig-gele snavel en dito poten. En op die snavel zit geen rood plekje. Langs de kust van Noord-Holland liggen er in de duingebieden grote broedkolonies. De laatste jaren broeden er in de duinen van het vasteland van Nederland zo'n 4300 paren.

Dit zijn overigens niet de enige meeuwen, die aan de kust en in het duin te zien zijn. Wie de moeite neemt nauwkeurig te kijken (verrekijker!) en de waargenomen kenmerken opzoekt in een vogelboekje, vindt er al gauw meer. De mantelmeeuw bijvoorbeeld, waarvan de grote mantelmeeuw wintergast is (vanaf begin september) en de kleine mantelmeeuw zomergast. En misschien noteert men als 'waarneming' nog wel de drieteenmeeuw, de zwartkopmeeuw, de dwergmeeuw of de grote burgemeester.

kustgebied

zich in de luwte bevond, ontwikkelden zich kwelders die in de loop van de tijd zijn ingepolderd en nu de weidegebieden vormen.'

kustafslag

Behalve door (veel) menselijk ingrijpen doet soms ook de natuur zelf letterlijk afbreuk aan Texel. Aan de noordzeekant worden jaarlijks meters kust weggeslagen. Vooral bij storm wordt het eiland telkens een beetje kleiner. In 1983 waarschuwden natuurbeschermers de overheid nog dat men aandacht zou moeten schenken aan deze kustafslag, die het bestaan van wereldvermaarde natuurgebieden als de Slufter en de Muy in gevaar bracht. Volgens de natuurbescherming is door kustafslag al veel van de vroegere waarden verloren gegaan. Ook de gevaren van overstuiving door zand en van uitdroging door het zakken van het grondwaterpeil zijn ernstig. Maar misschien wordt Texel ook nog wel weer groter. Voor het Marsdiep tussen vasteland en eiland ligt de zandplaat Noorderhaaks, die wellicht nog eens aan Texel komt vast te zitten.

Met Texel heeft ook Noord-Holland, wat menigeen zich niet zo gauw realiseert, een stuk 'Waddengebied', net zoals heel lang geleden toen ook Callantsoog en Huisduinen eilanden waren tussen Noordzee en Waddenzee. Het Waddengebied begint bij Den Helder en vormt met zijn door eb en vloed veroorzaakte dynamische karakter een heel bijzonder gebied. Bijzonder uit landschappelijk oogpunt, omdat het er altijd weer anders uitziet, bijzonder ook uit het oogpunt van natuur en milieu. De bodem van het wad zit immers vol leven en het water eveneens. En daar komen duizenden, vele duizenden vogels op af.

Het meest spectaculaire dier van de Wadden, de zeehond, krijgt men nog nauwelijks te zien. Van de duizenden die hier leefden zijn nog maar enkele over. Een deel van dat restant verblijft op de zandplaten die bij laag water droog komen te staan in het Eierlandse Gat. Het is een zeehondenreservaat dat streng bewaakt moet worden.

Ook Noord-Holland is dus 'Waddenprovincie' en als zodanig mede-opsteller van de 'Interprovinciale structuurschets voor het Waddenzeegebied', die in 1981 werd vastgesteld en die als hoofddoelstelling had: 'Het in stand houden en beschermen van het Waddenzeegebied als een samenhangend natuurgebied en waar nodig het herstellen van de natuurlijke en de landschappelijke waarden van dit gebied.'

● Bij volle maan kan een nacht nog zo helder zijn, het baken van de vuurtoren (men spreekt tegenwoordig liever van lichttoren) is toch nog steeds onmisbaar. De lichttoren van IJmuiden is zo'n baken waar zeevarenden zich op kunnen oriënteren.

Een klein stukje van ● Noord-Holland heeft geen hoge, sterke duinen die als zeewering kunnen dienen. Tussen Camperduin en Petten is daarom een zware dijk gebouwd, de Hondsbossezeewering. Aan de voet van de dijk breken opeengestapelde grote keien de golven. Daar vindt men dus het milieu van een rotskust.

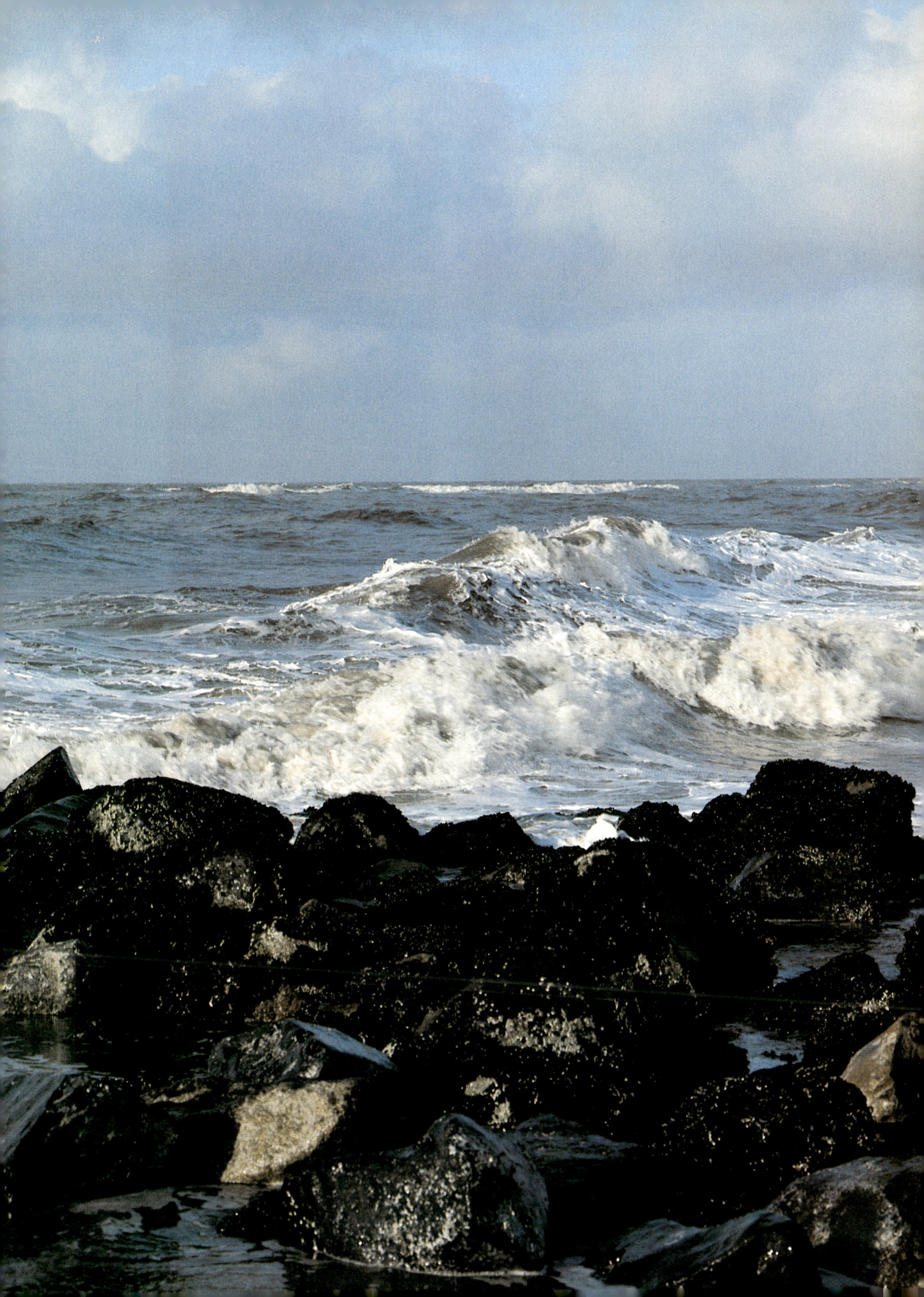

westfriesland

westfriesland

de mens verandert het weer

Wie door de 'kop van Noord-Holland' zwerf ziet polder na polder. Maar de ene polder is de andere niet. De een heeft kaarsrechte wegen en sloten; de ander is omringd door een kronkelende dijk, die soms zelfs een 'rare' bocht maakt om een plasje vol riet en vogels. En wie, als een kind, blijft vragen 'waarom' en 'waarom', die vindt de antwoorden in de geschiedenis van de strijd tegen het water. Wie kijkt ziet ook overal de sporen van de mens van vandáág die het landschap opnieuw verandert, het land naar zijn hand zet.

Op de terugweg van het Balgzand na een middagje vogels-kijken besluit ik niet de snelste weg terug te nemen, maar de kleinere wegen te zoeken, die ten slotte ook wel naar het zuiden zullen gaan. De lange rechte weg door de Anna Paulowna-polder lijkt nog weinig op het gezochte en de grote akkers en lange weilanden achter de dijk bieden geen verrassingen. Dat er hier bloembollen worden geteeld, wist ik al. En daarvan is er trouwens nu niets te zien. De Wieringerwaard achter Kleine Sluis lijkt iets intiemer te worden met zijn vele bomen en de sfeer van 'oud' polderland, maar de grote akkers hebben duidelijk het stempel van efficiënte bedrijfsvoering.

Als ik op de kaart kijk of ik in Wieringerwaard links- of rechtsaf zal gaan, naar Nieuwe Sluis of Oude Sluis (komende van Kleine Sluis!) zie ik dat ik toch een misschien wel interessant stuk heb gemist. Niet zo ver van de weg waar ik langs gesneld ben ligt de waterstrook, die de Oude Veer moet zijn, waarvan me verteld is dat die een overblijfsel is van een oud krekensysteem, dat aan zijn drassige oevers nog brakwaterplanten moet hebben. Maar vogelliefhebbers hebben me er nooit op gewezen. Wel op het Amstelmeer achter de weg naar de Afsluitdijk, dat een belangrijk rust- en foerageergebied is voor watervogels. 'Natuurmonumenten' beheert er de oeverlanden, die waardevol zijn door hun botanische rijkdom.

Ik kies voor Oude Sluis, om zo nog om Schagen heen te gaan. Een lange rechte weg gaat langs het smalle kanaal, waar zijwegen haaks op staan en de boerderijen er netjes langs staan. 't Is duidelijk een

• Enkhuizen levert aan de 'zee'kant altijd weer een prachtig stadssilhouet op. Hier zelfs duidelijk gemarkeerd door o.a. de Dromedaris, de oude stadspoort. Veel in de stad herinnert aan de gloriedagen van de Gouden Eeuw.

Het Zuiderzee- • museum kan bij menigeen nostalgische gevoelens oproepen door zijn beelden van vroegere scheepvaart en visserij. Het nog maar kort geopende buitenmuseum is helemáál een bezoek waard.

westfriesland

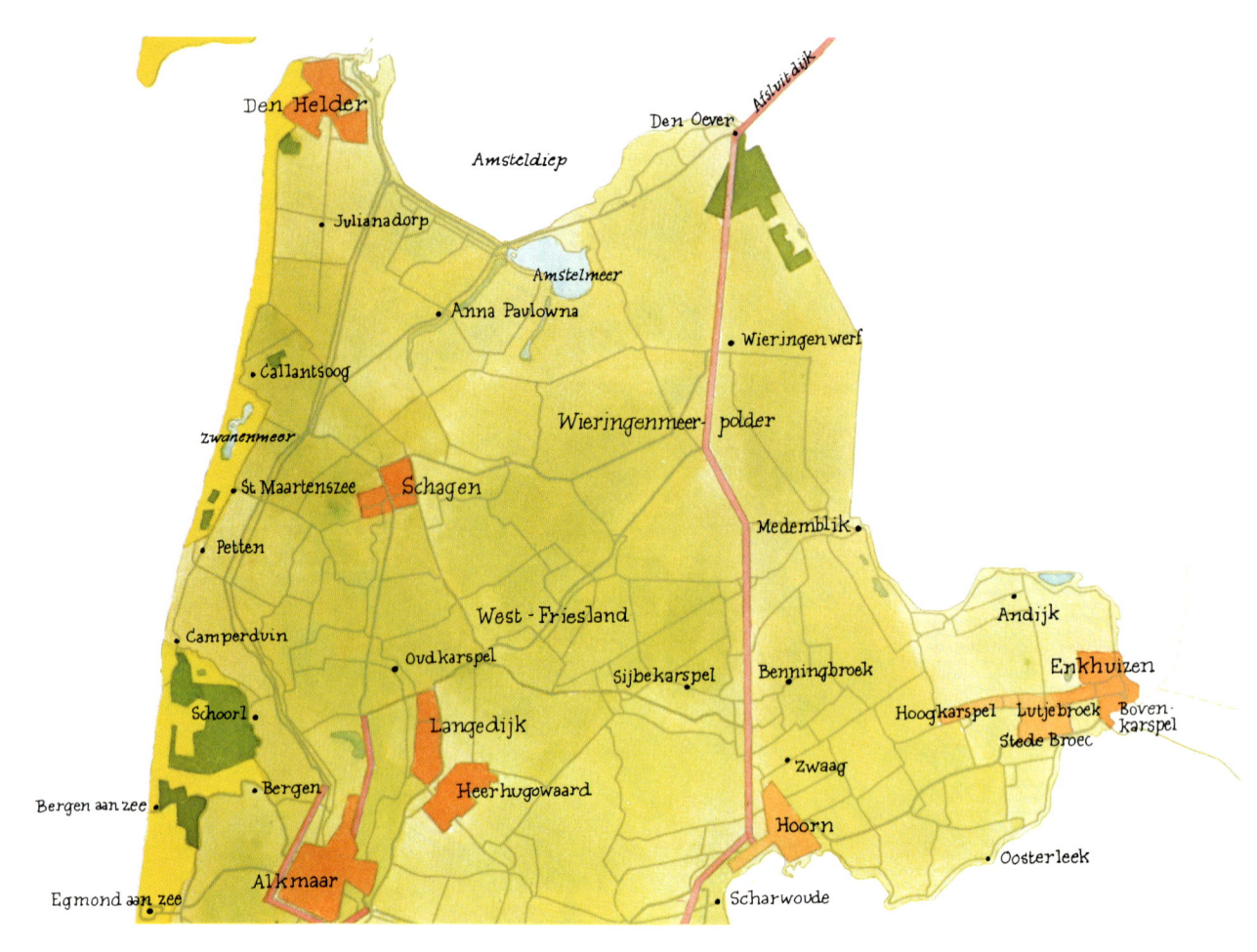

polder met zijn rechtlijnigheid, maar zo'n rechtlijnigheid verwacht je eerder in een nieuwe IJsselmeerpolder dan in zo'n oude polder als deze Zijpe- en Hazepolder. Hoewel... oud...? Vergeleken met andere poldergebieden in Noord-Holland is dit gebied vrij jong. Het in de middeleeuwen binnengedrongen zeewater, dat hier gelegen veen wegsloeg en later zeeklei afzette, werd pas in de zestiende en zeventiende eeuw teruggedrongen. Toen werden delen van die zeeboezem Zijpe ingepolderd. De jonkheid van dit gebied blijkt ook hieruit dat de inpoldering pas in de vorige eeuw werd afgesloten met de totstandkoming van de Balgzanddijk, waarachter Anna Paulowna als jongste polder ligt.

Toch blijkt het mogelijk iets van het verre verleden in deze streek terug te vinden. Langs de kronkelende wegen waarlangs ik me tussen Schagerbrug en Schagen door beweeg zie ik nu en dan een boerderij op een hoger gelegen stukje grond staan. Dat zijn stellig de Noordhollandse terpen en daar deze zeker ook gediend hebben om veilig te zijn voor hoger komend water moeten ze wel dateren uit lang vervlogen vochtiger tijden. Ze zijn niet zo spectaculair als de terpen van Friesland en Groningen, waar soms een heel dorp, de oude kern tenminste, nog zichtbaar hoger ligt. Maar in dit Westfriese landschap vallen die hoogten toch wel op. Als ik erop ga letten zie ik meer van die kleine hoogten, ook zonder boerderijen. Soms liggen ze midden in een wei, zodat ik aanneem dat men ook van die kunstmatige hoogten als vluchtheuvels heeft opgeworpen voor het vee.

'van nature' oude wegen

In deze streek zie je trouwens meer dat aan het verleden herinnert. Niet de dorpjes, de molens, maar de kronkelige weggetjes tussen gehuchten als Cornelissenwerf, Tjallewal en Grotewal. Dit zullen oude wegen zijn, die 'van nature' zijn ontstaan op de hoger gelegen delen, de zandruggen langs de kreken die in dit gebied hebben gelopen toen dit nog een waddengebied was.

De vele dijken en dijkjes, waarover wegen lopen laten ook zien hoe stukje bij beetje land is veroverd op het water. Dat in die strijd ook nederlagen zijn geleden laten me de restanten van dijkdoorbraken zien. Ten westen van Schagen gaat de dijkweg om een groot wiel, en ook bij Valkkoog en Sint Maarten liggen van die wielen, die

westfriesland

Op vele manieren • heeft men in het verleden al te kennen willen geven hoe belangrijk één bepaald dier voor het bestaan van de boeren was.

De koe als versiering van huis en hof kan de kijkende bezoeker op veel plaatsen tegenkomen.

herinneren aan dijkdoorbraken. Als namelijk vroeger een dijk doorbrak stroomde het water met zoveel geweld naar binnen dat bij het dijkgat een diep uitgesleten put ontstond, die na sluiting van het gat als meertje overbleef.
Dat is ook mooi te zien als je de weg volgt over de oude Westfriese Zeedijk, de Omringdijk, die al in de dertiende eeuw werd aangelegd en die al de kleine polders die in de loop der tijden langzaam aan waren gemaakt als 'herovering op de zee', omringde en beschermde tegen de daarbuiten liggende zee. Ik herinner me van een poging om deze hele dijk om het oude Westfriesland heen te volgen, tenminste verscheidene van die 'wielen'. Vaak zijn het leuke plasjes, waar je in het seizoen bijna altijd wel een hengelaar ziet zitten. Soms ook is het plasje, dat in zijn oude vorm rijk kan zijn aan planten en dieren, zeker als het niet vervuild is, verdwenen... Dan doet een plotselinge 'omhaal' van de dijk, die overigens recht loopt, alleen maar vermoeden dat hier een wiel heeft gelegen.

plaatsnamen eindigend op 'meer'

Zo'n dijk, waar je nu comfortabel overheen rijdt, is een mij altijd weer boeiend stuk verleden. Hoeveel mensen hebben hier lang

• Boven de deur als fraaie decoratie, als 'uithangbord', als gevelsteen, maar ook in miniatuur en driedimensionaal op de kolommen van het toegangshek.

westfriesland

westfriesland

Kokmeeuwen komen • in Nederland in grote aantallen voor. Deze in kolonies broedende vogel geniet grotere bescherming dan weleer en heeft zich als 'cultuurvolger' goed aangepast aan de moderne mens, die zoveel weggooit, dat meeuwen op afvalplaatsen nog volop voedsel kunnen vinden. 's Winters trekken de meeuwen massaal naar de steden waar vaak ook de tafel gedekt staat.

Knobbelzwaan met • jongen, die in hun grauwe-veren-tijd nog 'lelijke eendjes' zijn.

• Knobbelzwanen langs de Westfriese zeedijk, die hier nog een degelijke functie heeft, al zegt men dat het tegenwoordige IJsselmeer niet meer zo 'spookt' als de vroegere Zuiderzee. Dat IJsselmeer is ondertussen nog steeds belangrijk voor de visserij (vooral paling) en de recreatie: veel oude Zuiderzeestadjes hebben moderne jachthavens.

De kronkelende dijk • tussen Hoorn en Enkhuizen leent zich voor attractieve fietstochten.

geleden niet gezwoegd om veiligheid te krijgen tegen de zee? Hoeveel inspanning is er niet geweest, overleg, gereken, twist. Natuurlijk is die Westfriese Omringdijk niet in één keer gemaakt. Het is een geheel van de kleinere gebieden beschermde dijkjes die de mensen gingen aanleggen om have en goed te beschermen tegen het water. Die dijkbouw is vooral op gang gekomen in de twaalfde eeuw, toen verschillende stormvloeden de mens belaagden. Maar hoe primitief, in onze ogen, moet dat wel niet gebeurd zijn. Niet alleen in het opwerpen van de dijkjes, maar ook in de pogingen het met de regens weer binnenkomende water kwijt te raken. Dat gebeurde met veel sloten en later met eenvoudige sluisjes. Want pas in de tweede helft van de zeventiende eeuw ging men gebruik maken van door de wind gedreven molens om water uit te slaan. Toen zijn trouwens ook verscheidene nog in de polders liggende meertjes drooggemalen. Op stafkaarten vallen die 'droogmakerijen' meteen op door hun grillig-ronde vorm en de ringsloot en de lange, rechthoekige kavels binnen die kronkellijn van de ringsloot. Wogmeer en Baarsdorpermeer zijn goede voorbeelden van dit stukje geschiedenis die naar voren springt in meer plaatsnamen die op '-meer' eindigen.

westfriesland

gevormd door de zee

Het is trouwens fascinerend om te bedenken, dat Westfriesland een land is dat zijn ontstaan te danken heeft aan de gevende en nemende zee en de daar altijd weer tegen vechtende mens. Geven deed de zee als het bij vloed slib afzette, op enkele hoger gelegen delen. Waar die afzettingen konden aangroeien tot schorren kon ook 'land' groeien. Maar telkens weer als de zee bij stormen woest terugkwam, werd daar iets van afgenomen. Het land van Westfriesland is zo gevormd door de zee. Toch bestaat de bodem er niet alleen uit zeeklei en zand. Duizenden jaren voor onze jaartelling was er op een oude ijstijdenzandlaag al veen ontstaan, dat weliswaar weer door de zee werd weggespoeld, maar waarvan toch resten achterbleven. Op de kleine zandafzetting groeide in de jaren na omstreeks 1500 voor Christus weer veen, waardoor het gebied achter de dunne duinenrij en de eilandjes in zee, veranderde in een moeraslandschap. Maar ook dat landschap kon niet rustig worden opgebouwd. De zeespiegel bleef stijgen, waardoor er in dit moeras geulen en kreken ontstonden en eb en vloed hun werk deden van opbouw en afbraak. Sommige geulen slibden dicht, elders werden door

•• Een oude grenspaal geeft het einde en het begin aan van het bangebied van Hoorn. Hoewel de naam 'hoorn'- hoek betekent, is hier als sieraad de eenhoorn geplaatst op de banpaal.

• Bij Ursem staan in het voorjaar in de polder vele variëteiten bolplanten te bloeien. Maar net als elders vormen de bloemen niet het hoofddoel van de kweker. Die worden 'afgevoerd'.

Bollenvelden in de omgeving van Avenhorn. Vooral tulpen worden hier gekweekt. Deze Noordhollandse bollenvelden leveren een groot aandeel in de Nederlandse bollenproduktie.

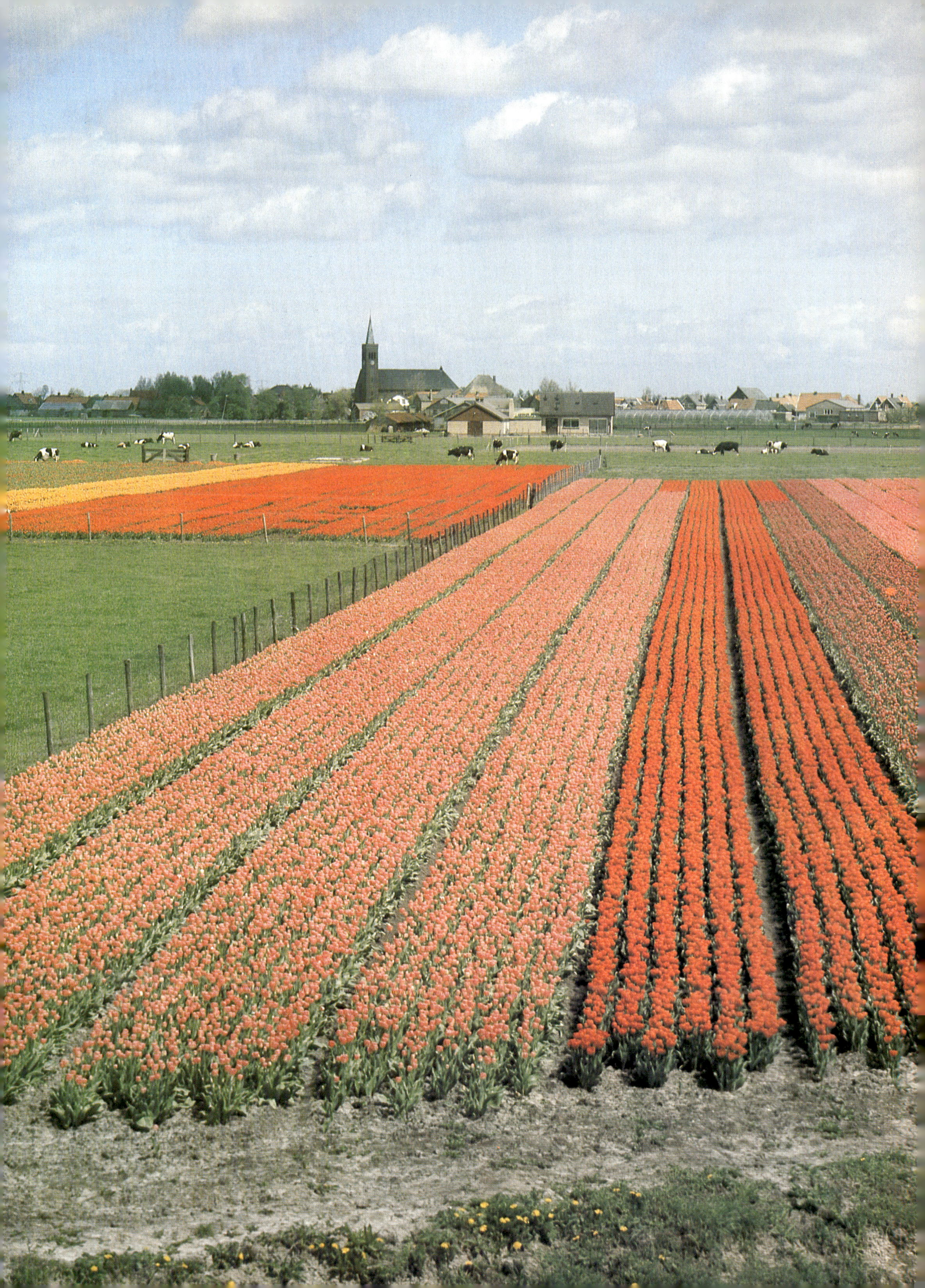

westfriesland

Hoorn is nu het verzorgings- en cultureel centrum van Westfriesland en tevens een belangrijk watersportcentrum. De Hoofdtoren is reeds eeuwenlang een baken voor thuisvarende zeevaarders. •

• De pleziervaart is een grote plaats gaan innemen op en bij het IJsselmeer en ook de Waddenzee. Om al die recreanten te kunnen opvangen (en er een boterham aan te verdienen) hebben veel oude Zuiderzeestadjes in oude vissershavens ruimte gemaakt of zelfs nieuwe jachthavens aangelegd.

aanslibbing en zandaanvoer hogere delen, ruggen en wallen, gevormd. Toen ook de in zee uitkomende waterlopen verzandden en de zee minder invloed had, begon weer een proces van veenvorming en men neemt aan, dat dit doorging tot in de tiende eeuw.
Daarna is er vanuit de zeeboezem Zijpe weer klei afgezet en in de twaalfde eeuw, toen grote stormvloeden plaatsvonden, heeft de zee weer grote stukken land 'teruggehaald'. En in al die perioden hebben er in dat land, dat soms meer water was dan land, mensen geleefd. Bij Opperdoes, Medemblik, Hoogkarspel, Wervershoof, Grootebroek en Zwaagdijk zijn grafheuvels gevonden, die wijzen op bewoning in de vroege ijzertijd, dat is de periode tussen 1500 en 600 voor Christus. Andere vondsten leerden, dat er al rond 3000 voor Christus jagers rondzwierven en dat een zeven eeuwen later hier landbouwers hebben gewoond. Zelfs toen het gebied door een slechte afwatering steeds moerassiger werd, een twintig eeuwen geleden, woonden er, tussen het huidige Schagen en Warmenhuizen ongeveer, mensen. Ze moesten toen wel hoogten bouwen om droge voeten te houden.
In de middeleeuwen kwamen er meer mensen in deze streken wonen. Ze zochten

vooral woonplaats langs de hogere delen langs de oude geulen en probeerden van daaruit voedsel te verbouwen op met sloten en greppels wat drooggemaakte stukken. Ook werden er al dijkjes gebouwd om dat bezit te beschermen. Maar die bleken toch niet opgewassen tegen de stormvloeden. Daarom ging men gemeenschappelijk grotere dijken bouwen voor een heel gebied. Het waren de voorlopers van de latere heel Westfriesland omringende zeedijk.

omkering van het landschap
Toen er dijkjes waren gelegd kon het land ook beter ontgonnen worden. Daarbij werd eerst een weg aangelegd en langs die weg werden smalle stroken grond afgepaald die werden uitgegeven aan de ontginners. Dezen bouwden hun huis aan de weg op het hun toegewezen stuk grond, zodat er een 'lint' van huizen ontstond.
In de vele jaren daarna is er met het landschap iets bijzonders gebeurd. Want toen de windmolen was uitgevonden en gebruikt kon worden om het altijd lastige water nu eens voorgoed kwijt te raken, werd de te bewerken grond droger en droger. En veen krimpt als het droog wordt, het 'klinkt

westfriesland

Vlak bij de haven, waar nu veel plezierboten liggen, staat het kasteel Radboud, dat al in de dertiende eeuw werd gebouwd en dat eind vorige eeuw nog is gerestaureerd. Het kasteel, dat regelmatig ook tentoonstellingen herbergt, is te bezichtigen.

in'. Daar deze gekrompen veenlaag bovendien verdween door de landbouwactiviteiten, kwamen heel langzaam de restanten van het oude landschap van dichtgeslibde geulen, kwelders en kreekruggen weer te voorschijn. Dat kwam als het ware weer 'omhoog', terwijl de later ontstane hogere (veen-) gebieden omlaag gingen. Een omkering van het landschap...

het 'nieuwe' landschap

Dat landschap is de eeuwen door bewerkt, waarbij men zich overal aanpaste aan de natuurlijke gegevenheden van het terrein, met hoogten, laagten, en grondsoort. Dat betekende een grote variatie. Er waren weilanden, hooilanden en akkers, waarop kleinschalig werd gewerkt en waarop veel verschillende vertegenwoordigers van planten- en dierenwereld het aanzien bepaalden. De grote variatie werd ook in de hand gewerkt doordat men in eigen voedselbehoeften voorzag. Men 'maakte' en verbouwde alles wat men nodig had. Toen in de zeventiende eeuw de steden zich ontwikkelden en de verbindingen beter werden ging men ook meer verbouwen voor de handel en langzamerhand konden de akkerbouwers zich zelfs specialiseren door zich toe te leggen op maar enkele groente- of

friesland in holland

Ten noorden van de lijn Alkmaar–Den Hoorn, die in het landschap zichtbaar wordt gemaakt door de oude Westfriese Omringdijk, ligt het stuk Noord-Holland, dat zevenhonderd jaar geleden nog behoorde tot het koninkrijk der Friezen en dat daaraan in zijn naam nog herinnert: Westfriesland.
Dit deel van het Friese rijk is echter in de dertiende eeuw door de Hollandse graven veroverd en ingelijfd bij Holland. Maar ook later bleef de streek gescheiden van het 'moederland'. Tijdens de Spaanse bezetting en de vrijheidsstrijd bleven Amsterdam en Haarlem Spaans. Daarom kreeg Westfriesland een eigen bestuur, dat ook in de republikeinse jaren regeerde.
De oude indeling in vier 'ambachten' (= rechtsgebieden) leverde de streeknamen op van Drechterland (het in het IJsselmeer uitstekende, oostelijke deel), de Vier Noorder Koggen of het Hoogwouder Ambacht (het deel in het noordoosten), de Schager- en Niedorperkogge (in het noorden) en Geestmerambacht (in het westen).
Een zeer realistische herinnering aan de tijd dat Holland Westfriesland veroverde is het kasteel Radboud in Medemblik. Dat is van oorsprong een zgn. 'dwangburcht', gebouwd op last van graaf Floris V, die met dergelijke kastelen toegangswegen en havens van Westfriesland onder controle had.

westfriesland

westfriesland

• Het decoratieve element van de twee witte 'steigerende' paarden wordt vaak gezien op staldeuren van boerderijen in heel Nederland. Ook deze boerderij bij Eenigenburg, onder Sint Maarten, kent deze versiering.

Maaien en hooien, • uiteraard met trekker en machine, vindt tegenwoordig veel vroeger plaats dan eertijds. Men wil méér produktie, ook van het hooiland. Voor sommige weidevogels kan dit vervroegde maaien fataal zijn, als ze nog tussen het gras op de eieren zitten of nog geen vliegvlugge jongen hebben.

• Waar weilanden door diverse maatregelen vaak één soort groen vertonen, kunnen de bermen nog wel eens 'bont' zijn door verschillende bloeiende planten. Dáár komt de boer niet met bemesting of bestrijdingsmiddelen en krijgt de wilde flora nog kansen.

fruitsoorten. Die ontwikkeling ging steeds verder, leidde tot het ontstaan van samenwerkingsverbanden, de bouw van veilingen en... tot verandering van het landschap. Want in de jaren na de Tweede Wereldoorlog toen een sterk streven naar nieuwe welvaart ontstond en 'industriële ontwikkeling' een toverwoord scheen, onderging ook de landbouw de invloed van de 'nieuwe tijd'. Veel werk werd gemechaniseerd, machines verdreven paarden en arbeiders. Maar in de loop van de tijd bleken voedselbehoefte van een sterk groeiende bevolking en daarop afgestemde produktieverhoging, én politieke prijsafspraken een zodanige intensivering van de bedrijfsvoering noodzakelijk te maken, dat op de te klein geachte percelen niet doelmatig gewerkt kon worden.
De oplossing daarvoor werd gezocht in ruilverkaveling, herverdeling van gronden en het opnieuw inrichten. Dit bevorderde inderdaad de efficiency, maar het landschap werd wel eentoniger. Het 'nieuwe landschap' vertoonde weinig variatie meer in zijn aanzien en in de onderdelen, voor zover die er nog mochten zijn. De veelheid aan milieutypen, de variatie in grondgebruik, de verscheidenheid aan kromme slootjes, walletjes, dijkjes, boomgroepen, akkers,

hooilanden en weilanden verdween. En daarmee veel leefmogelijkheden voor plant en dier.
Die leefmogelijkheden worden trouwens ook aangetast door de uitbreidingen van dorpen en steden, van industrieterreinen, en de aanleg van wegen.
De jongste 'verdwijning' is die van de vaarpolder Geestmerambacht bij Warmenhuizen en Oudkarspel. De kronkelende sloten als hoofdvaarten en de vele kleine slootjes waren te lastig. Een grote ruilverkaveling heeft dit gebied 'verbeterd'. Voor de boeren inderdaad een verbetering, die de produktie en het inkomen ten goede zal komen. Maar landschappelijk een verarming. Een door zandwinning ontstane plas aan de oostkant kreeg een bestemming als recreatiegebied. Waar ooit boeren werkten varen nu surf-planken en luieren mensen in de zon op kunstmatige strandjes. De landbouwgebieden van de duizenden eilandjes zijn ook elders verdwenen.
Ook rond Noord-Scharwoude en Broek op Langendijk heeft men 'het nieuwe landschap' gemaakt. De vele sloten, die men ooit groef om de lager wordende akkers weer op te hogen en vruchtbaar te maken, werden weer

westfriesland

Als men in Twisk de mooie boerderijen ziet, vallen ook gauw de brede sloten op. Daaraan zou je niet zo snel het feit kunnen signaleren dat de grondwaterstand kunstmatig laag wordt gehouden.

Kerkuilen, die ook wel overdag op jacht gaan, zijn in Nederland zeldzame vogels geworden. Een belangrijke oorzaak daarvan is het feit, dat er door het opruimen van oude, verlaten gebouwen en het dichtmaken van openingen in bijv. kerktorens erg weinig broedgelegenheden meer over zijn. Nestkasten kunnen daarvoor wel een oplossing bieden. De stand van de kerkuilen is ook sterk teruggelopen door vergiftigde prooidieren (chemische bestrijdingsmiddelen).

dichtgegooid en met grote machines en modern materiaal, inzicht en kennis werd een doelmatiger landschap ingericht. Aan het tijdperk van de op smalle akkers verbouwde kool, die per schuit naar de veiling werd gebracht, kwam een eind. De vaar-in-veiling van Broek op Langendijk werd een museum... De natuurbescherming kreeg bij de ruilverkavelingen ook een stukje toegewezen: de Kleimeerpolder. Staatsbosbeheer beheert nu dit 'vogelreservaat', maar veel uit Geestmerambacht verdreven weidevogels schijnen nog niet goed te weten, dat ze nu hier terecht kunnen.
Hier en daar in Westfriesland liggen nog restanten van de vroegere vaarpolders, zoals tussen Medemblik en Wervershoof. Daar vindt men ook de Kleine en Grote Vliet en ten zuiden van Wervershoof zelfs nog een eendenkooi. Deze gebieden trekken veel watervogels. In dit gebied kan de goede waarnemer ook nog de hoogteverschillen in het landschap ontdekken die de oude kreekruggen verraden. Maar de oude streekdorpen als Schellinkhout, Oosterblokker, Westwoud, Hauwert en Twisk liggen met al hun fraaiheid en harmonie uit het verleden toch wat vreemd in het zo langzamerhand helemaal verkavelde omringende landbouwgebied.

De met de ruilverkaveling gepaard gaande grondwaterstandverlaging heeft in Westfriesland de omstandigheden voor met name de weidevogels verslechterd. Die houden van wat onregelmatige, soms drassige weilanden.
Dat soort gebiedjes is nog te vinden langs de IJsselmeerkust waar een doorbraak-wiel ligt als dat van de Waal bij Schardam. Daar komen 's winters verscheidene eendesoorten overwinteren, broeden er in de rietkragen zangers en hebben de oevers nog genoeg drassigheid om aantrekkelijk te zijn voor

westfriesland

De boerderijen in Westfriesland zijn in hun oude vormen met vaak sierlijke details karakteristiek voor dit deel van het groene Noord-Holland.

kieviten. Maar om meer vogels, planten en landschappelijke variatie te zien is de streek rond Schagen toch een beter reisdoel. Ook al vragen in het voorjaar de akkers met bloeiende bolplanten nadrukkelijk aandacht. Maar soms moet je wel even zoeken; je moet de kleine weggetjes op. Soms lopen die dood ergens in het land; soms blijken ze naar een ver gelegen stolpboerderij te lopen en vaak is keren moeilijk. Maar zo zijn ze te ontdekken, de plekjes met een schone sloot, en wat bobbelig aandoend weiland met veel kieviten en grutto's. 't Is de moeite waard om in zo'n 'afgelegen' gebied, ogenschijnlijk ver van de bewoonde wereld, een eind te gaan lopen. Want dan pas kun je goed de slootkant bekijken of een dijkhellinkje. En dan zie je dat er meer te zien is dan alleen kroos en gras. En een enkele keer denk je je ogen niet te geloven. Dan zie je 'zomaar' een lepelaar naar voedsel zoeken of hoor je in een brede, lange rietkraag het geheimzinnige roepen van de roerdomp. Sommige natuurkenners doen daar somber over. Die zeggen, als je je ervaringen daar in Westfriesland vertelt: 'Nog wel…' en ze lichten toe dat ook de laatste stukjes oud landschap wel zullen vallen onder de vooruitgangsmachine.

stolp: karakteristiek element

Westfriesland is veroverd en soms heroverd op de zee. Met de resultaten daarvan, een zeer gevarieerd landschap, is eeuwenlang gewerkt. De snelle, met veel machinegeweld grootschalig gemaakte landschappen, waarin variatie ontbreekt, boeien menigeen niet meer. Duidelijk zijn wordingsgeschiedenis verradend is het oude landschap, met daarin het aan de behoeften aangepaste bedrijfsgebouw. In Westfriesland was dat de stolp.
Het principe van de stolp is het onder één dak samenbrengen van bedrijfsruimten en woning. Dat ene dak is dan piramidevormig of nagenoeg piramidevormig: de vier zijkanten komen in één punt uit. De plattegrond van de stolp is vierkant. Centraal onderdeel zijn de vier stijlen waarop het dak rust. Binnen het vierkant van die dragende stijlen werd en wordt het hooi opgeslagen. Buiten die stijlen en binnen de muren bevinden zich de stallen en de woonvertrekken. Een belangrijk onderdeel van het uiterlijk is de 'spiegel' in het rieten dak. Het is een sierlijke uitsparing, waar het riet is vervangen door geglazuurde dakpannen. Ook rondom eindigde de rieten kap in een twee tot vier lagen pannen. Deze 'versiering' was in de eerste plaats nuttig. Men kon er door middel van een dakgoot gemakkelijk regenwater mee opvangen.

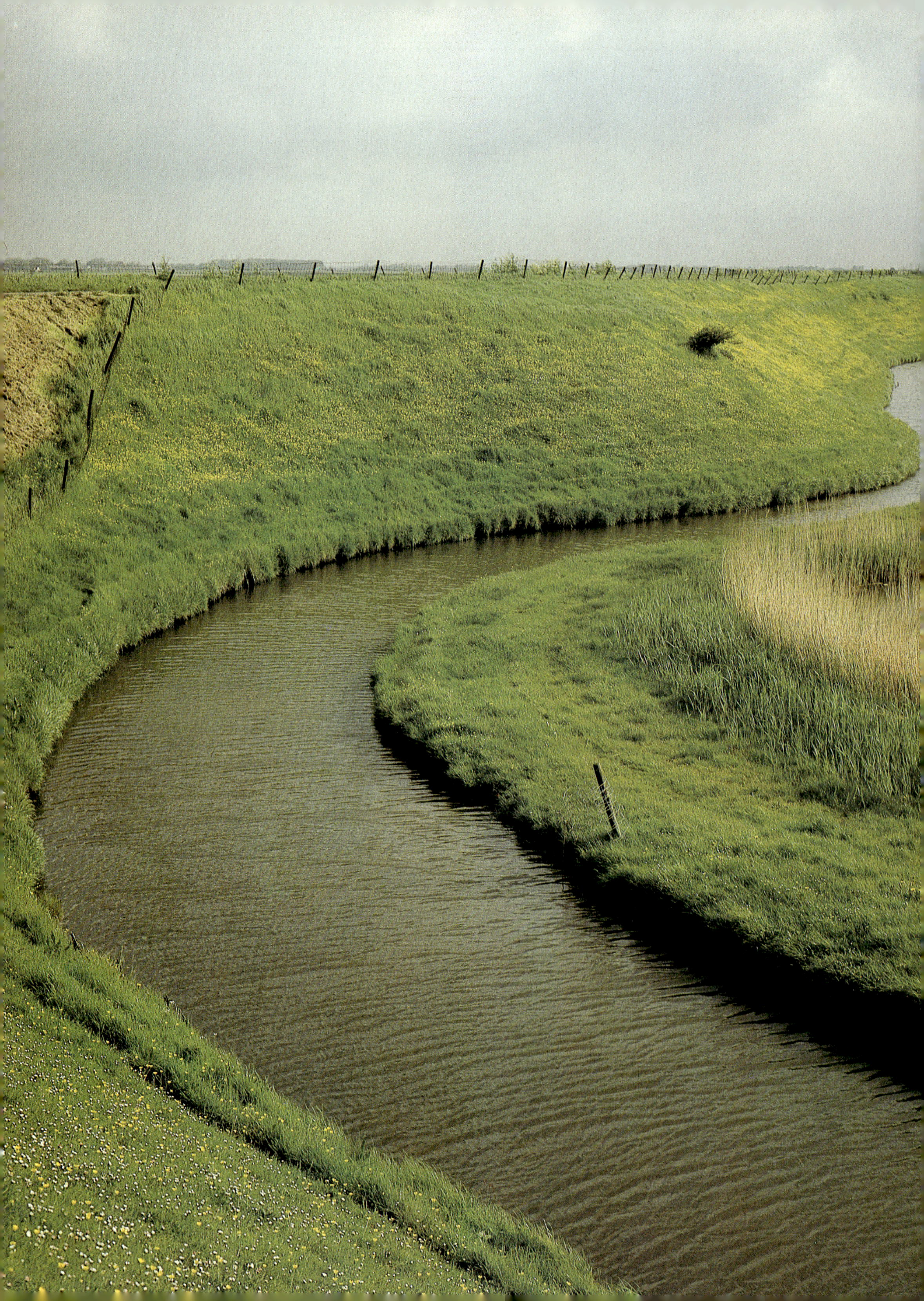

westfriesland

- De Westfriese Zeedijk, de Omringdijk, slingert zich nog duidelijk herkenbaar door noordelijk Noord-Holland. Deze eeuwenoude dijk, ontstaan uit de samenvoeging van kleinere dijken die afzonderlijke gebiedjes beschermden, heeft lange tijd zo goed en zo kwaad als het toendertijd ging, Westfriesland beschermd tegen het water. Op enkele plaatsen getuigen 'wielen', als restanten van dijkdoorbraken, dat dit niet altijd lukte. Die wielen of waaien vormen met hun rietzomen en andere begroeiing vaak prachtige leefgebieden voor vogels. Enkele zijn zelfs als natuurreservaat beschermd.

- Het zijn fraaie stukjes natuur, die oude doorbraakkolken, maar velen zien zoiets ook als onefficiënt gebruikte grond. Toch kan niet alles worden opgeofferd aan doelmatigheid in de landbouw.

Op een in 1981 gehouden symposium over 'Perspectieven voor de relatie tussen landbouw en natuurbehoud', zei dr. J.G. de Molenaar van het Rijksinstituut voor Natuurbeheer het zo: 'Als ik een blik op de toekomst werp, dan móet ik wel concluderen, dat uitbreiding van het thans maximale intensiveringsniveau in de landbouw over het hele land, alsmede verdere intensivering, op korte termijn zullen kunnen leiden tot een getalsmatige verarming van het natuurlijk milieu van tegen de 90%(..). In termen van verlies aan natuurwaarden of kwaliteit zal dit zelfs dicht bij de 100% kunnen uitkomen. Dit zal ongetwijfeld ook niet ongemerkt voorbijgaan aan de veilig gestelde natuurgebieden.'
Maar een andere spreker, prof. dr. J. de Hoogh, van de Landbouwhogeschool in Wageningen, besloot zijn rede met: 'De agrarische bedrijfstak is vanouds een sector gericht op de eerste levensbehoeften van de mens; zij heeft zich veel moeite gegeven in die behoeften te voorzien. Die sector zal stellig ook in die andere wezenlijke levensbehoefte, nl. de behoefte aan een harmonische groene ruimte, willen en kunnen voorzien wanneer het de samenleving daarmee ernst is.'

polderland

recht en krom

In een patroon van duidelijke rechthoeken zijn de wegen gemaakt in het land dat eeuwen geleden te voorschijn kwam uit omdijkte grote meren. Schermer, Beemster, Purmer kregen daarmee het onmiskenbare menselijk stempel. Maar iets verderop, tussen Purmerend en Amsterdam, liggen al de contrasten in de brakke veenweidegebieden en de kleine houten-huizen-dorpen, die onderdelen vormen van een 'nationaal landschap'. Aan de ene kant de snelwegen, de industrieën, de steden; aan de andere kant de kronkelende dijk langs de (nog) open watervlakte van het IJsselmeer. Daartussen: Waterland, waard om veel zorg en aandacht te geven.

Er liggen niet zo heel veel kilometers tussen Hoofddorp en Ransdorp. Hemelsbreed zijn dat een vijf-en-twintig. Maar tussen beide ligt een wéreld. Die van de veelbesproken en -bezongen hoofdstad. Maar ook een wereld van contrasten. Hoofddorp in de grote, wijde polder met kilometers-lange akkers, de rechte wegen. Ransdorp achter de IJsselmeerdijk gehurkt in het weidse en natuurlijke gebied van drassige weilanden. Aan de ene kant het drooggemaakte Haarlemmermeer, een welvarend landbouwgebied vol efficiency en zakelijkheid; aan de andere kant het stukje oude land dat zijn naam nog steeds terecht draagt: 'Waterland'.

Aan de ene kant de polder met het moderne, lawaaiige luchtverkeer van Schiphol; aan de andere kant de polder waar een visser langzaam zijn bootje voortroeit.
Er zijn meer verschillen te vinden of te maken, maar ik wil er slechts mee aanduiden, dat vlak bij die wereldstad Amsterdam boeiende delen liggen van het 'groene Noord-Holland'. Waterland is met de stadsbus te bereiken en ook de Haarlemmermeer ligt op korte bus-afstand. Maar in dat tweede groene stuk vind je minder ruimte-en-groen-zoekers dan in het eerste. De grote schaal heeft minder attracties dan de grilligheid van het landschap benoorden de hoofdstad.
Aan die noordkant liggen meer elementen

• Een klein stukje van de grote droogmakerij Schermer, waar sommige groenten groeien als kool...

Meer dan vijfduizend • hectare groot was het meer Scirmere, in het hart van het tegenwoordige Noord-Holland, toen in de zeventiende eeuw plannen tot droogmaking op gang kwamen. Voor dit Schermeer werd na het voltooien van de ringdijk een 'leger' van 52 molens ingezet om het water weg te malen. Ze kregen de enorme hoeveelheden water weggewerkt. Het meer werd een droogmakerij, met vruchtbare grond. Van de molens resteren nog maar enkele.

polderland

polderland

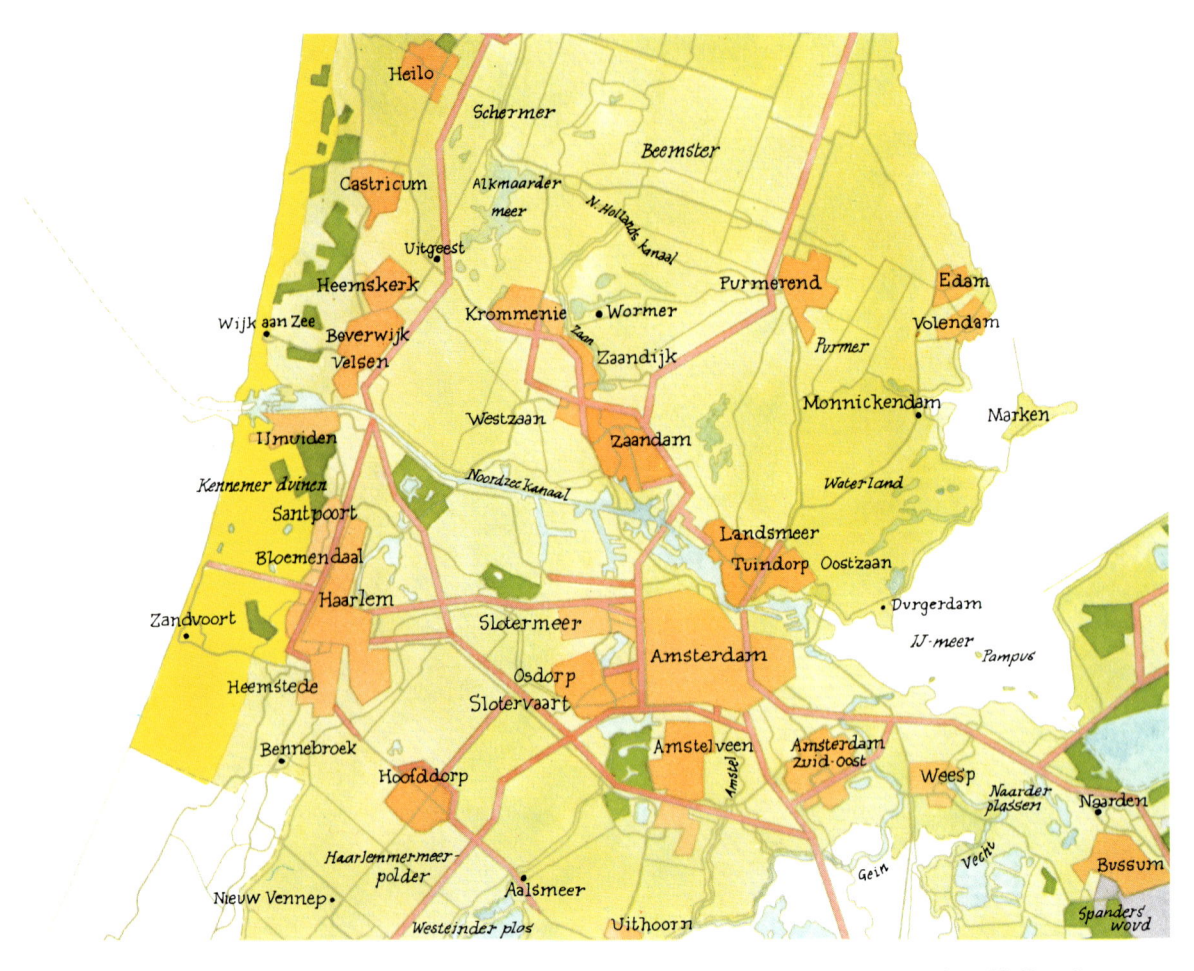

als die van de Haarlemmermeerpolder. Ook Schermer, Beemster, Wijde Wormer en Purmer waren eens grote meren in een gebied van drassige veenlanden. Ook die meren zijn omdijkt, drooggemaakt en ingericht. En vooral in de Beemster, maar ook in de Schermer kun je zíen, dat bij die inrichting de liniaal is gebruikt. Maar tussen die blokken liggen nog de aloude weidegebieden met al hun variatie aan slootjes, plasjes, dijken en dijkjes en... weidevogels. En die combinatie is nauwelijks storend. De oude droogmakerijen, met hun 'grens' van de ringvaart, hóren bij het Noordhollandse landschap. Ze hebben een sfeer die toch wel aansluit bij die van het omringende landschap. De graanakkers hóren bij de koeien.

Je kunt je nu, rijdend in zo'n Beemster, niet meer voorstellen dat dit een meer is geweest. Maar dat was het dan ook al erg lang geleden. Dat was nog in de tijd van prins Maurits, begin zeventiende eeuw. In 1609 viel dat meer door het werk van 26 molens droog.

De geschiedenis van het landschap gaat natuurlijk veel verder terug. Want hoe zijn die meren van Beemster, Schermer, Wormer en Purmer er gekomen? Door het beuken van de binnenzee die later Zuiderzee zou heten, op de veenmoerassen van het Hollandse land. Bij talrijke overstromingen in de twaalfde eeuw. En waar kwam dat veen vandaan...?

Je blijft vraagtekens houden als je het verhaal niet van het begin af vertelt. Dat goede verhaal kreeg ik van vrienden in Purmerend, die begonnen waren met interesse voor 'hun' Beemster, maar steeds verder in de geschiedenis doken. Na een lange fietstocht op een heerlijke voorjaarsdag, waarop je overal de kieviten zag buitelen en de grutto's hoorde, vertelden ze me, op mijn vragen, van hun bevindingen.

sporen van bewoning

'Je moet eigenlijk duizenden jaren teruggaan. Dat lijkt veel, maar is niet eens zo bar veel, als je bedenkt hoever je niet terug moet gaan als je het hebt over de oorsprong van bijvoorbeeld het Limburgse landschap. Onze geschiedenis heeft ook wel iets met de ijstijden te maken, zoals je weet vele tienduizenden jaren geleden, maar alleen in die zin, dat na die ijstijd de zeespiegel ging stijgen en de zee een kust maakte. Met behulp van de wind werd een reeks zandwallen opgeworpen en toen deze een redelijk aaneengesloten dam vormden en

polderland

• De oude waterstroom Beemster, die tot 1319 in open verbinding stond met de Zuiderzee, vervult nu voor een deel de functie van ringvaart om de droogmakerij Beemster. Die ringvaart is in zijn zuidelijke stuk deel van het Noordhollands Kanaal.

bovendien de zee niet meer zo snel steeg kreeg je een duidelijker scheiding tussen zee en land. Zo rond 3000 jaar voor Christus, dat is dus niet eens zo heel lang geleden, geologisch gezien tenminste, bestond dat land trouwens uit niet veel meer dan een soort waddengebied van slikken, griehen en kreken. Nou, toen de zee niet meer binnenkwam, ontstond er achter die strandwallen na verloop van tijd een groot moerasgebied, met veel riet en biezen. Uit afstervend plantenmateriaal dat zich onder water ophoopte ontwikkelde zich op de lange duur veen en dat sloot de verbinding met de onderliggende, veel meer voedsel bevattende kleilaag, zó af, dat zich veenmos kon ontwikkelen. En dat is een plantje dat vocht kan vasthouden en verschrikkelijk snel kan groeien, ook op eigen dode resten. Achter de kust, achter die door de zee gemaakte strandwallen, ontstond zo in de loop van vele eeuwen een enorm moeras- en veengebied. Dat is nog maar een achthonderd jaar geleden.
Maar dat grote veenmoeras werd toch nog weer aangetast. De zeespiegel steeg en de zee brak door de strandwallen heen. Vooral in het noorden van onze tegenwoordige provincie sloeg er een enorm gat in de al gevormde duinen. Dat werd de zeeboezem Zijpe, dat stuk bij Petten waar nu die grote dijk ligt. En toen ook de Almere, met verbindingen met de zee was ontstaan, kon de zee van beide kanten toespringen. Bij storm werd heel wat veen weer weggeslagen en het afgesloten veenmoeras veranderde eigenlijk in een gebied van meren, plassen, riviertjes en zee-inhammen. Dat betekende, dat ontwatering van het moeras kon plaatsvinden. Het kon, zou je zeggen, wat droger worden. En dus gingen er ook al mensen wonen. Hier en daar zijn bij opgravingen sporen gevonden van bewoning. Maar goed, zo omstreeks de twaalfde eeuw waren achter die duinenrij dus veel meren en meertjes ontstaan. Meren in het veen, dat herhaaldelijk door de zee was overstroomd. Zout veen dus. En dat heeft natuurlijk zijn invloed gehad op de plantengroei. Maar dat is een ander verhaal.'
Dat 'andere verhaal' zouden we nog eens een keer naspeuren, op zoek naar braakwater-minnende plantesoorten. Maar al wist ik nu hoe het veen er was gekomen, en hoe het meer was ontstaan, het vervolg op dit verhaal was natuurlijk even boeiend.

polderland

• Het witte boereneendje behoorde oorspronkelijk tot een apart ras van veel op boerderijen gekweekte eenden: het Hollands kwakereendje. Het is erg verbasterd door kruising met andere eenderassen. Hoewel deze eenden veelal dicht bij de boerderijen blijven en 's winters wel gevoerd worden, is een tijd met ijs en sneeuw ook voor hen een moeilijke tijd.

de ontginners

Want op dat veen is de mens aan het werk gegaan. Toen dat veen door de verbeterde afwatering droger werd en het zelfs op den duur kon 'inklinken', kon 'zakken', is men het veen gaan ontginnen. Niet in de eerste plaats om er, zoals in Zuid-Holland en Utrecht, turf te winnen als brandstof, maar echt om de veenwoestenij te veranderen in vruchtbare akkers. Door een hoog zoutgehalte was het veen in deze streken niet zo geschikt om te winnen als huisbrandstof. In de tiende en elfde eeuw, zo nemen onderzoekers aan, is het veengebied grotendeels ontgonnen. Dat gebeurde vanaf de al bewoonde hogere delen van de oude strandwallen en vanaf de hogere oevers van de oude veenstromen.
Van daaruit trokken de ontginners, veelal over het water, de woeste grond in, kapten delen van het opgeschoten bos van elzen en berken, en groeven sloten om het gebied af te wateren. Om weer binnenkomend water van het erachter gelegen, nog woeste terrein tegen te houden, werd daar een veendijk aangelegd. Was het eerste stuk klaar, dan begon men verder achter deze veendijk, steeds verder het veen in, tot men niet verder kon. Dat 'niet verder' werd dan veroorzaakt, doordat men stuitte op de ontginners die van de andere kant waren begonnen.
Er ontstonden zo grote, regelmatig door rechte sloten en wegen verkavelde stukken nieuwe landbouwgrond. Waar op elke nieuw ontgonnen kavel een ontginner zijn huis zette ontstonden op den duur langgerekte dorpen.
Op de nieuw veroverde gronden werd aanvankelijk akkerbouw bedreven, maar doordat de bodem (door inklinking en ontwatering) steeds lager kwam te liggen kreeg men toch weer te maken met afwateringsproblemen. Daardoor is men steeds meer overgegaan tot veeteelt.
Het bestaan bleef zich hier overigens niet rustig ontwikkelen. In de twaalfde eeuw, in 1164, kreeg een reeks overstromingen een climax in een stormvloed die het hele kustgebied van Holland, Friesland en Duitsland teisterde. Grote stukken ontgonnen land werden overstroomd of weggeslagen. En evenals ook bij latere stormrampen nog zou gebeuren werden dorpen en kleinere nederzettingen verzwolgen. Het land, zo moeizaam veroverd, veranderde in een groot plassengebied, waar slechts hier en daar

polderland

nog delen van de oude weidegebieden overbleven. Het werd een grillig, verbrokkeld landschap, met veel water en weinig land.

dijken bouwen

Om zich tegen de dreigingen van het water te beschermen ging men daarom dijken bouwen, al moet de 20ste-eeuwse mens zich daar geen grote voorstellingen van maken. De dijken en dijkjes werden in eerste instantie gelegd om de overgebleven stukjes land. Dijkjes werden samengevoegd tot dijken en na verloop van jaren lag er in het stuk Holland ten zuiden van West-Friesland een compleet dijksysteem, waarbij o.a. het gebied van het huidige Waterland, met de Zaanstreek en de Wijde Wormer geheel door een dijk was omringd en beschermd. Ook het Schermer-eiland (de naam duidt al aan, dat het hier gaat om een 'overgebleven' stuk land, gelegen tussen Schermer en Beemster) en de Zeevang, het gebied tussen de Zuiderzee en Beemster, kregen een dijk. Naar o.a. die Zuiderzee bleven aanvankelijk nog open wateren stromen. Maar ook die zeegaten werden gedicht: het Monnikerdammer Gat werd eerst in 1411 afgesloten. Al die bedijkingen betekenden toch nog allerminst dat men voortaan voorgoed veilig was. Ook na de dijkenbouw die in de loop der jaren plaatsvond kon bij storm en ontij wel een dijk doorbreken. En er zijn de afgelopen eeuwen wat stormen en stormvloeden geweest...! Zelfs nog in 1916 immers trof zo'n stormramp onze gewesten. De daardoor ontstane verliezen en menselijk leed vormden toen, in 1916, de directe aanleiding tot de definitieve plannen voor de Zuiderzeewerken. Nog later trouwens, in 1953, zorgde opnieuw een stormvloedramp voor weer nieuwe dijkwerken, zij het dat die vooral in zuidelijker regionen werden gerealiseerd.

Op veel plaatsen zijn in Noord-Holland de dijken en dijkjes wel eens doorgebroken. Hier en daar herinnert een doorbraak-kolk, een wiel (plaatselijk ook wel 'braak' genoemd) bij een dijk aan zo'n vroegere ramp. Het Kinselmeer, bij Ransdorp, is bijvoorbeeld zo'n achter het dijkgat uitgeslepen waterkolk. Het dijkgat en dus het Kinselmeer, ontstond bij een stormvloed in 1570.

Het is fascinerend om de geschiedenis na die eerste beveiligingsdijken te volgen. Wat moet er toen al niet georganiseerd en gedirigeerd zijn. Het meest indrukwekkend vind ik dan zelf het punt waar de tegen de elementen vechtende mens niet meer verdedigt, maar

● Soms zijn er stukjes Noord-Holland waar je alles tegelijk wilt zien: de oranje zon, de bomen als grijs silhouet, de rietkraag, de eenden, en het altijd in beweging zijnde water. Dit soort watertjes, hier bij Uitdam, heten in de streek 'die'. In Waterland zijn er nogal wat van deze dieën, die vaak mooie natuurgebiedjes vormen.

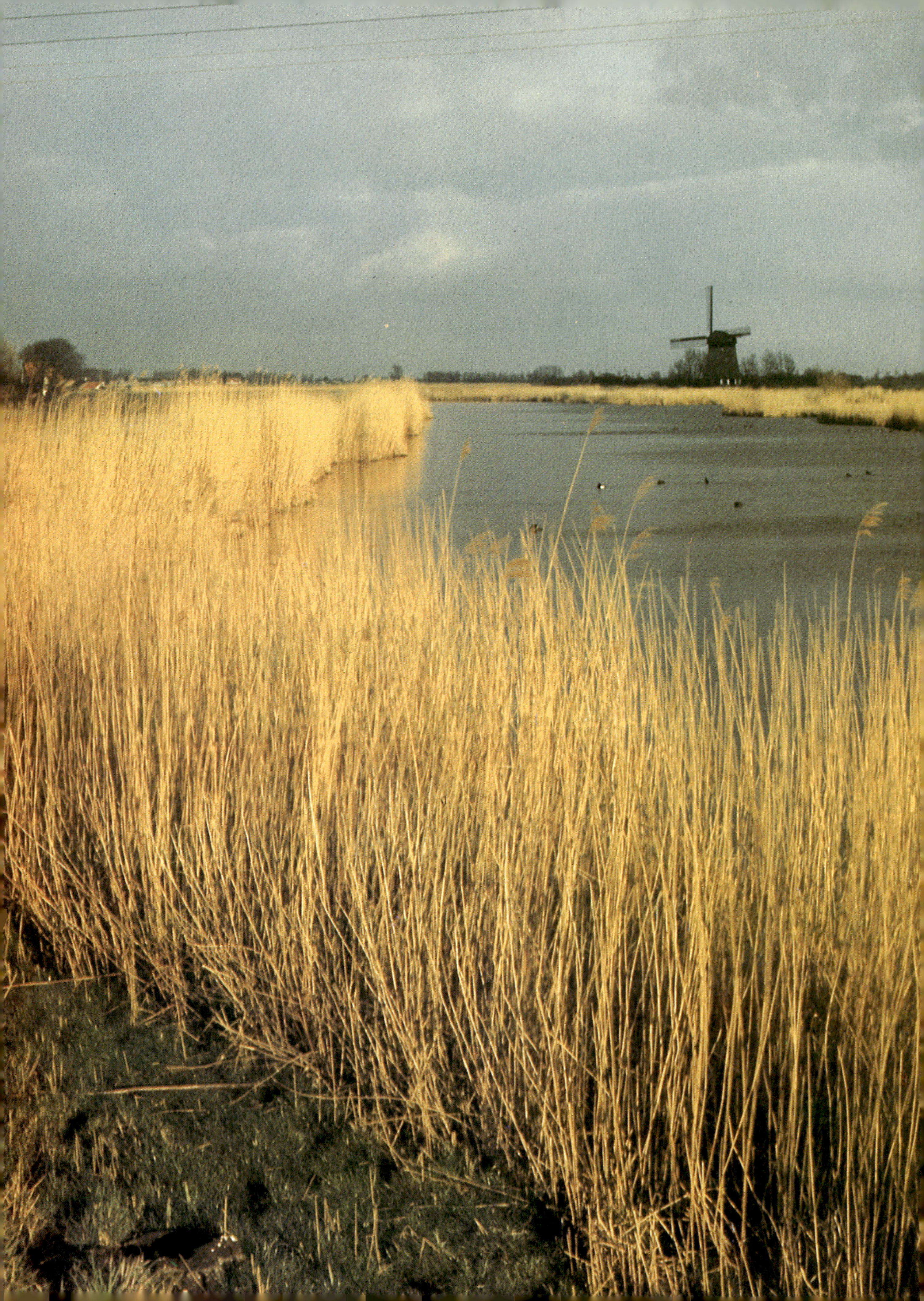

polderland

tot de aanval overgaat. Dat is ook in dit deel van Holland gebeurd. Na de verdedigingsdijken, kwamen de aanvalsdijken. Want de mens ging het land op het water veroveren. Of liever her-overen. Dat gebeurde niet meteen nadat de dijken waren gesloten. Met de afwatering binnen die dijken had men eerst veel te veel moeite. Pas met de ontwikkeling van de windwatermolen, rond 1400, kwam daarin verbetering. Met die door de wind gedreven molens kon men het binnen de dijken gelegen overtollige water lozen. In die periode kwam ook de organisatorische vorm tot stand: er kwamen dijkgraven en hoogheemraden die belast werden met het bestuur en het onderhoud van de werken in de polders.

het droogmaken

In de zeventiende eeuw begon men belangstelling te krijgen voor mogelijke droogmaking van de vele meren in Noord-Holland. In die tijd werd er veel geld verdiend met de handel en scheepvaart naar overzeese gewesten en omdat ook de landbouw van de welvaart profiteerde meenden de rijken uit Amsterdam niets beter te kunnen te doen dan geld te beleggen in nieuwe landbouwgronden. Die moesten dan wel eerst veroverd worden. Daar had men overigens al ervaring mee gekregen bij de droogmaking van kleine en ondiepe meren, zoals het Egmondermeer, in 1564.

Het geld van de welvarende en beleggende zakenlieden uit Amsterdam én het technisch vermogen van die dagen maakten het mogelijk ook een paar grote meren aan te pakken. Tussen 1612, toen de Beemster werd drooggelegd, en 1643 veranderden de volgende meren in goede landbouwgrond: Purmer, Wijde Wormer, Heer Hugowaard, Schermer, Enge Wormer en Starnmeer. Bij deze droogmakingen werd een belangrijke rol gespeeld door de uit De Rijp afkomstige, van oorsprong timmerman en molenmaker zijnde waterbouwkundige Jan Adriaenszoon Leeghwater.

Er zijn heel wat molens gebouwd om het water uit de gewonnen droogmakerijen te houden. Alleen al om de Schermer sloegen 53 molens het water uit op de ringvaart. Bij déze droogmakerij werden die molens overigens niet vervangen toen de toepassing van stoomgemalen mogelijk bleek. Pas toen de elektrische gemalen ontwikkeld waren zijn de meeste molens hier afgebroken. Er staan er nog elf, waarvan vier in bedrijf zijn. Pas een tweehonderd jaar na de dood van Leeghwater, die al in 1643, in zijn 'Haarlemmermeerboeck', gepleit had voor het droogmaken van het grote meer ten zuidwesten van Amsterdam, werd de Haarlemmermeer ingepolderd.

● Rietkragen langs de 'dieën' vormen niet alleen een fraaie landschappelijke decoratie. Het zijn ook prachtige leefgebieden voor kleine zangvogels. Heel bekend is de grote karekiet, die zelfs 's nachts wel zijn aanwezigheid verraadt met het krasserig klinkende karre-karre-kiet-kiet. In dit gele winterse riet zal men hem niet horen. 't Is een zomergast, die in oktober al weer vertrokken is.

● Kleine huizen staan direct achter de ringdijk; weggedoken schijnt het wel achter de beschermende kruin, waarover maar een smal pad loopt.

polderland

• Minder bekend dan 'de bollenvelden van Lisse en Hillegom' leveren toch de bollenkwekers in Noord-Holland een belangrijk aandeel in de Nederlandse bollenproduktie, waar de bloemen afval worden.

• De karakteristieke boerderijvormen in Midden- en Noord-Beemster. •

De oorzaak van deze vertraging lag in het politieke vlak. Zowel Amsterdam als Haarlem en Leiden wilden het meer niet missen. De eerste twee dachten aan hun scheepvaart- en handelsbelangen en Leiden werkte inpoldering tegen, omdat de visserij een belangrijke bron van inkomsten was. Toen echter een stormvloed in 1825 danige overlast en schade veroorzaakte besloot men het meer toch maar droog te malen. Dijkbouw en ringvaartaanleg werden gevolgd door stoomgemalen, die in 1840 begonnen te roken en die in 1852 klaar waren. Eén van die gemalen is nog intact en te zien, het Cruquius gemaal bij Aalsmeer dat nu een museum is.

De veroverde kostbare en goede landbouwgrond werd in cultuur gebracht door boeren uit diverse streken van Nederland. Het gevolg daarvan is een grote variatie geweest in boerderijbouw. In de Haarlemmermeerpolder zie je boerderijen die je ook in Friesland, Gelderland en Noord-Brabant kunt zien, waar tenminste de oude vormen van vroeger bewaard zijn gebleven…

Met het winnen van die grote Haarlemmermeerpolder is het verhaal nog niet af. Want in de vorige eeuw werd ook het Noordzeekanaal gegraven (met handkracht!) en werd het IJ voor een groot deel ingepolderd. Daarmee kreeg men kennelijk de smaak weer wat te pakken, want er volgden ook nog de droogleggingen van een aantal meren in Waterland. Als enige, die 'de dans ontsprongen' is, ligt ten zuiden van Alkmaar nog het Alkmaardermeer.

een brakwater veengebied

Er zijn, gelukkig zeggen we nu, méér waterrijke gebieden aan de droogmakingsdrift ontkomen. Als ik op een voorjaarsdag een dag ga roeien in het Ilperveld kan ik zeer vergenoegd constateren dat er een fraai en oud landschap bewaard is. De man die ons zou roeien en ons het gebied zou laten zien had gezegd: 'Kom een beetje op tijd', en hoewel hij daarbij, zoals later bleek, aan een uur of zes, half zeven had gedacht, vonden we half negen 'mooi op tijd'.

Als we gaan varen is de zon nog een beetje waterig en over het water hangen wat slierten nevel. Maar als we een tien minuten gevaren hebben, zijn die nevels vertrokken. Als een wilde eend met jongen haastig wegschiet in een opening in het riet en er enig geritsel te horen valt, realiseer ik me, dat het hier al, nog dicht bij het dorp, ongekend stil is. Dat wil zeggen, zonder de

polderland

polderland

Vele van deze gebouwen zijn voorzien van classisistische houten gevels en sierlijke ornamenten. ●●

● De Zaanse Schans is een veelbezocht openluchtmuseum. Op initiatief van een aantal Zaankanters werd een stichting in het leven geroepen die ten doel had door sloop en verval bedreigde Zaanse gebouwen te redden.

haast-en-ijver-geluiden van alledag. Het knarsen van de riemen en een heel zacht kabbelen bij de boeg zijn de enige geluidjes die ik hoor. Daar komt, even verder, het geluid bij van de kleine karekiet en bij een brede rietkraag, iets verder, zit een rietgors bovenaan een buigende stengel onverschrokken te zingen.
Het is een mij imponerend beeld: een brede sloot, omzoomd door riet, een blauwe lucht met een wit wolkje en enkele buitelende kieviten, een smalle zijsloot, een reiger, waterhoentjes, helder voorjaarsgroen en een langzaam voortglijdende boot. Als ik het beeld zo opneem en in het rijtje graag nog wat kleuren wil zien, zeg ik tegen de roeier, dat de dotters toch ook al zo'n beetje zouden moeten bloeien, maar dat ik die nog niet gezien heb. 'Gelukkig niet', zegt de man, die in een gelijkmatig tempo en kennelijk onvermoeid doorroeit. 'Je moet hier in het Ilperveld, en in heel Waterland, bedenken dat het water brak is. Nog wel tenminste. Het heeft een bepaald zoutgehalte, dat hoger is dan in gewoon zoet boerenslootwater.
En daarin gedijen geen planten als dotters. Maar dat maakt dit gebied ook zo bijzonder. Dit is een brakwaterveengebied. Daarin zie je geen gele plomp of waterlelie, maar wel andere kenmerkende soorten, zoals bijvoor-

polderland

Tot 1931 werden op Marken de huizen uitsluitend op 'werven' of palen gebouwd. •

• Gezicht op een straat in de Zaanse Schans.

beeld echt lepelblad. Ik zal je daar straks een paar plekjes van laten zien.'
Als ik opmerk, dat hij zei 'Nog wel...', horen we onder het rustig verder roeien: 'Ja... nog wel, want het water wordt heel langzaam toch zoeter. Kijk, het brakke karakter van het water vindt, denk ik, zijn oorsprong in het feit, dat er in het veen zout grondwater zit. En dat is daar natuurlijk terechtgekomen toen de zee hier in de middeleeuwen en ook later nogal eens heeft huisgehouden. En ook toen de Zuiderzee nog zout was heeft het grondwater daarvan wel wat meegenomen. Maar toen de Zuiderzee was afgesloten en ging verzoeten is het ook hier steeds zoeter geworden. Dat gaat natuurlijk heel langzaam, maar het is toch te merken, dat het gebeurt. Hier en daar zie je al zwanebloemen en gele lis en dat is een veeg teken. Daarom zei ik dus: "Nog wel." Het is hier nog een waardevol brakveengebied met zijn heel eigen plantenwereld. Maar het water verzoet toch. En dat heeft natuurlijk gevolgen voor de plantengroei.'
We roeien een poos in stilte verder, passeren zijsloten, gaan een zijslootje in en zien ook daar zijsloten. Het is een merkwaardig patroon van stukjes land en water. Soms lijkt er meer water te zijn dan land.
Voordat ik daarover iets aan onze gids kan vragen, begint die aan een nieuw verhaal: 'Toen ze in de middeleeuwen hier het veen gingen ontginnen begonnen ze met het graven van sloten en slootjes om het water af te voeren uit het moeras. Daarmee kwam een eind aan de veenvorming, want het moeras verdroogde. Daarna heeft men er nog turf gestoken, maar doordat er nogal wat zout in die turf zat was die niet zo goed als brandstof. Die was meer geschikt voor zoutwinning. Maar ze hebben toch turf gegraven hier en dat deden ze door de uitgegraven veenbrokken te drogen te leggen op akkers, legakkers. Zo kreeg je een heel systeem van legakkers en petgaten, de uitgegraven sloten, zoals je dat ook wel ziet in Noordwest Overijssel. Maar daar houdt de natuurbescherming de sloten open. Hier verlanden ze weer, ze groeien weer dicht. Maar toch is dat oude patroon hier en daar nog wel te zien.'
We komen bij een sloot waar het nog gelige riet, met onderaan zacht-grijs-groen, witte plekken vertoont. De roeier laat de riemen even rusten. 'Kijk, echt lepelblad...' Nu ik de plant zie met zijn vlezige blaadjes en bovenaan de stengel de kleine bloemen, herinner ik me hem van een excursie in het

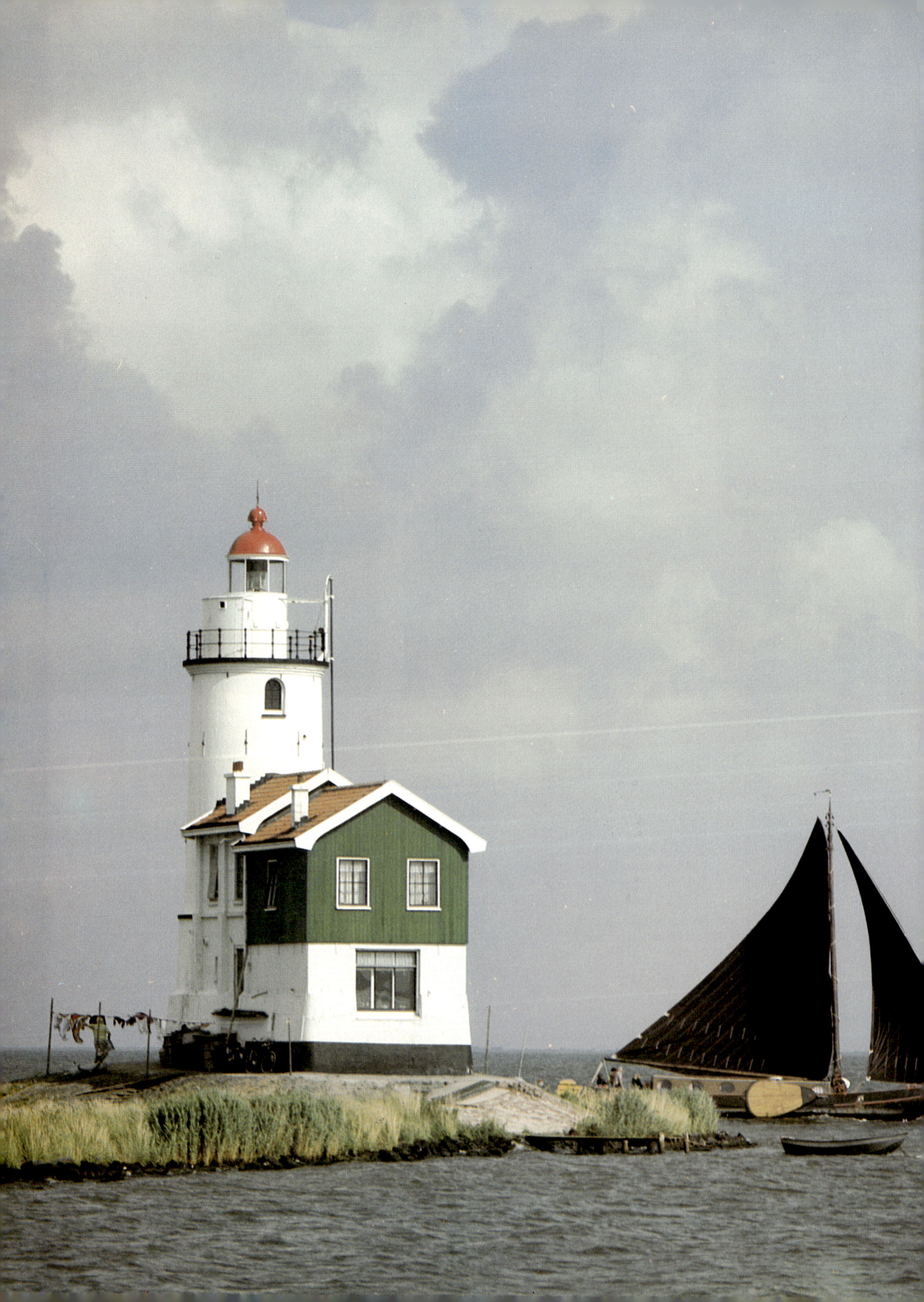

polderland

schitterende Zeeuwse gebied van 'het verloren land van Saeftinghe'. 'Dat klopt', zegt de gids als ik dit vertel. 'Daar is het heel duidelijk een brak milieu door de eb- en vloedbewegingen van de Westerschelde.' Sloot in, sloot uit... De roeier is onvermoeibaar. Ontspannen en gelijkmatig trekt hij de riemen door het water en steeds weer kan hij een verhaal vertellen: over de 'dellen', de verlande petgaten, over de pogingen de opslag van boompjes, els en wilg, te verwijderen om het land open te houden, over het 'trekken' van veenmos vroeger ten behoeve van de bloemisterij, over de 'augustusbloem' het waterkruiskruid, dat in de zomer overvloedig bloeiend grote gele plekken in drassige weilanden kan maken, over de beweiding door koeien en schapen, het maaien van het riet in de winter en de herfst.

heide

Op een gegeven moment, als ik nog ijverig notities zit te maken, legt hij de riemen neer, manoeuvreert voorzichtig naar de kant, grijpt houvast aan een lage wilg en zegt: 'Ga eens staan.' In de wankele boot is dat even een zoeken naar evenwicht, maar als we staan, wijst hij naar het stukje land, maar zegt niets. We kijken, maar in de grijsbruin-lichtgroene massa kunnen we nog niets bijzonders zien. Ik denk dopheide te zien, maar dat durf ik niet hardop te zeggen, want dat kán natuurlijk niet. Mijn gedachte wordt uitgesproken: 'Dophei...'
'Dophei?'
'Dophei...'
'Het is nog niet goed te zien, maar als je over een paar maanden terugkomt, zul je ook struikheide zien en zelfs wat kraalheide.
Je hebt hier nogal wat veenmos zitten die de grond verarmt en verzuurt. En dan ontstaan er op zo'n verland stuk in een eindstadium goede levensomstandigheden voor heidesoorten. Fantastisch hè...? Heide in een brakwaterveengebied. Je vindt hier en daar ook koningsvaren, een plant die je hier in het westen niet zou verwachten. Maar zoiets moet eigenlijk onderhouden worden. Je moet geregeld maaien, anders krijg je op de veenlaag toch weer bomen, zoals berk, wilg of vlier. Je ziet er hier en daar al wat staan... Als we verder varen zie ik dat er kennelijk geregeld gemaaid wordt: er vallen weinig bosjes te signaleren. 'Weet je', zegt de gids, 'dat we hier ook last hebben van een ingevoerde struik, net zoals in veel Veluwse bossen de Amerikaanse vogelkers, de bospest? Dat is de Zwarte appelbes, die je hier zo langzamerhand wel veenpest mag gaan noemen. 't Is een struik die ook uit

De dijk die het voormalige eiland Marken omsluit biedt een prachtig uitzicht over het wijde, open IJsselmeer. Velen vinden dat die openheid moet blijven en dat dit laatste stukje IJsselmeer niet moet worden ingepolderd om er een tweede nationale luchthaven te kunnen aanleggen. •

• De vuurtoren van Marken wordt wel 'het witte paard' genoemd. Voor veel schippers, vissers en plezierzeilers kan de vorm op enige afstand inderdaad 'paard-achtig' zijn.

• Marken is, hoewel geen echt eiland meer, nog zeer aantrekkelijk. Druk toerisme, nu een belangrijke bron van inkomsten, heeft niet alle charmes verloren doen gaan.

polderland

Zo kunnen alleen Tesselaars kijken. •

Amerika komt en die zich ook snel voortplant met uitlopers onder de grond. Hij lijkt niet uit te roeien en verdringt de oorspronkelijke begroeiing op den duur...'
Op een gegeven moment leggen we weer aan en meteen vliegen vogels weg. 'Voorzichtig', waarschuwt de roeier, die inmiddels aan wal is gestapt. Maar de overstap van boot naar land lijkt me zó'n onderneming, dat ik al geneigd ben het heel kalm aan te doen. Als we op het 'land' staan en achter de gids aanlopen voel ik de grond onder me zacht veren. Ik herinner me verhalen over 'kraggen' en 'drijftillen', dikke plantedekken op een voormalige sloot of plas en met nog een heel stuk water eronder. Onwillekeurig loop ik nog voorzichtiger. We blijken te lopen op een oude kragge, die waarschijnlijk al een stevige ondergrond zal hebben, maar die nog verend genoeg is om zijn oorsprong te verraden. Verderop wordt de grond iets steviger. Daar staan wat bomen tussen riet. De gids wijst: 'Die rechterboom... Zie je ze zitten?' Hij wijst nog eens, en dan zie ik ze: drie jonge ransuilen, nog gedeeltelijk in het dons, bekijken ons zeer argwanend. De ouden zien we nergens. Maar wellicht zien zij ons wel. Een eind verderop vliegen krijsend kokmeeuwen op.

Als we teruglopen naar de boot, blijft de gids staan, buigt wat gras opzij en laat een nest zien. Er liggen geen eieren in, maar het ondiepe met gras beklede kuiltje laat duidelijk zien dat het een 'vers' nest is. De man zegt: 'Daar heb je hem...' en hij wijst naar de grote, bruine vogel die in grote bogen hoog boven ons vliegt luid grwieto... grwieto... roepend.

kemphanen

We laten hem met rust, stappen voorzichtig over de weer verende bodem en roeien even later door de sloten. In rietkragen laten vogels zich horen, een fuut zwemt weg met een snavel vol onduidelijke slierten, meerkoeten vluchten het riet in en we horen nieuwe verhalen over de diverse stadia van verlanding, over de plantengroei op niet meer in gebruik zijnde weilanden, over de variatie in begroeiing op de oevers van moerassige graslanden, over bekende planten als pinksterbloem en onbekende als moeraszoutgras of zomprus. En over verrassingen als orchideetjes. In het water zelf zien wij nauwelijks planten. Soms zie je een plekje met wat kroos, maar verder is het water open. De gids meent dat het kan komen doordat het water niet helder genoeg is. Er zitten nogal wat algen in het water.

polderland

Typerend beeld uit de lucht van een stukje groen Noord-Holland.

Op een gegeven moment krijgen we de waarschuwing niet meer te praten. De roeier beweegt nu heel voorzichtig de riemen, zegt nog even: 'kemphanen' en laat dan de boot uitdrijven. Ik zie nog niets, maar als even later de boot vrijwel stil ligt achter wat laag riet en er naar het weiland gewezen wordt dat daarachter ligt, zie ik enkele vogels. De kijker geeft de details: twee grote vogels met opvallende 'kraag' van opgezette veren. Bij de een zijn ze rood-rossig-bruin, bij de ander zwart tot staalblauw. Daarboven steken nog, als oren, pluimen uit, die lichter zijn.
Ze draaien wat om elkaar heen, stappen voorzichtig rond en dan zie ik ineens meer vogels. Iets verder naar achter zie ik er nog enkele hanen zitten. Elke kemphaan verschilt van de ander. Ik tel er nu vijf, zes. Er gebeurt weinig, zodat we even durven te fluisteren. 'Dit is een baltsplaats, een toernooiveld. Hier houden die hanen schijngevechten om indruk te maken op een hennetje, als dat op de baltsplaats komt. Maar daarvoor moet je eigenlijk vroeger komen, als het net licht gaat worden.'
Als we genoeg gekeken hebben, hoewel ik denk niet genoeg te kunnen krijgen van het gezicht van die, met de dikke halskraag wat buitenissig lijkende vogels, vertrekken we weer rustig om de vogels niet te verschrikken.
Op de terugtocht lijkt het alsof de veelheid van indrukken me wat 'vol' hebben gemaakt. Alsof ik niets meer kan opnemen. Twee baltsende futen, tegenover elkaar typische bewegingen makend in het water, duikend, met de snavels naar elkaar toe komend, vragen wel aandacht, maar krijgen die nauwelijks. Ik denk nog aan de kemphanen en herinner me gelezen te hebben, dat deze behoren tot de zogenaamde 'kritische weidevogelsoorten'. Daarmee wil aangeduid zijn, dat het een vogelsoort is die achteruitgegaan is in aantallen omdat hij zeer kritisch is ten aanzien van zijn leefomgeving. Waar die verslechtert, kleiner wordt, vervuilt, of 'verdroogt', verdwijnt de kemphaan. In 1971 werden er ten noorden van het Noordzeekanaal in de weidegebieden bij inventarisaties nog een duizend kemphanen geteld; in 1982 waren dat nog maar 350. Deze teruggang is niet alleen gesignaleerd bij de kemphanen, maar ook bij andere weidevogelsoorten. Sterk sprekend is de achteruitgang van de grutto. In 1971 telde men nog ongeveer een 12 500 broedparen van de grutto in dit deel van Noord-Holland en in 1982 kwamen er in

polderland

• In Purmerend is niet veel meer dat herinnert aan het rijke verleden als vissersplaats. De grote meren Purmer en Beemster zijn al lang geleden drooggemaakt en Purmerend is tegenwoordig vooral marktplaats en forensenwoonplaats. Erg bekend is de veemarkt van Purmerend, die elke dinsdagmorgen in het centrum van de stad wordt gehouden.

Noord-Noord-Holland nog maar 8000 broedparen voor. En de zwarte stern, in 1971 nog met ongeveer driehonderd broedparen vertegenwoordigd, kwam ruim tien jaren later niet verder dan ongeveer zeventig nesten. Daar staat tegenover dat ook geconstateerd kon worden dat de kievit vooruitging, en ook de scholekster, maar de tureluur moest terrein prijsgeven, evenals watersnip en zomertaling.

geweldig gebied voor weidevogels

Het is veelal inderdaad een 'terrein-prijsgeven'. Het terrein wordt minder aantrekkelijk voor de 'kritische soorten'. Of, om het anders te zeggen: het leven wordt er voor die vogels moeilijker.
Een belangrijke oorzaak ligt over het algemeen in het gebruik van de graslanden, waar de vogels, die immers 'weidevogels' heten, hun leefgebied zoeken. Om aan de eisen van de naar meer welvaart strevende maatschappij te kunnen voldoen heeft de landbouw zich bezig gehouden met produktiebevordering. Dat betekende veelal het verbeteren van de grond door ontwatering, grondwaterstandregulering, egalisatie, eventueel scheuren van oud grasland en nieuw inzaaien grotere veebezetting, bemesting, vroeger hooien,

enz. Het intensievere en veranderde gebruik wijzigde de levensomstandigheden voor de weidevogels. Die kunnen zich tot op zekere hoogte aanpassen. Kieviten, en zelfs ook al grutto's worden de laatste jaren steeds meer broedend aangetroffen op bouwlanden en ook lijken veel soorten vroeger te broeden. Maar het valt aan te nemen dat dit aanpassingsvermogen niet zover gaat, dat de vogels hier 's winters zullen broeden. Noord-Holland, met zijn vele polders, weilanden, sloten en vaarten, is in aanleg een geweldig gebied voor de weidevogels, maar het wordt ze wel moeilijk gemaakt. Een aantal gebieden, die voor de weidevogels belangrijk zijn, is 'in veiligheid' gebracht door de natuurbescherming. Organisaties als 'Natuurmonumenten', Vogelbescherming, het Noordhollandsch Landschap en ook Staatsbosbeheer hebben in de provincie Noord-Holland in het verleden verscheidene stukjes grond bij elkaar gevoegd tot 'natuurreservaten'. Het Ilperveld, waar ik een heerlijklange dag werd rondgeroeid, ís zo'n reservaat, een 1200 hectaren groot. Maar ook hier zijn er minder kemphanen dan weleer. En het aantal broedparen van grutto, is in de jaren tussen 1970 en 1975 heel sterk gedaald. 'De aantallen kieviten, scholeksters en tureluurs nemen af', zegt mijn roeier, die meent dat het in de andere reservaten wel net zo zal zijn. 'Ik denk, dat het komt', aldus de gids, 'doordat die natuurbeschermingsorganisaties hun gebieden verpachten aan de boeren en dat de pachtcontracten onveranderd overgaan naar erfgenamen, terwijl er natuurlijk een heleboel veranderen kan. En het is heel erg moeilijk om een pachtcontract te ontbinden. Alleen als de boer er zelf ook heil in ziet kan een pachtcontract aangepast worden aan nieuwe ontwikkelingen, die vroeger niet te voorzien waren. Maar als een boer dammetjes aanlegt om met de trekker naar een verafgelegen weiland te gaan in plaats met de boot, dan doe je daar niet zoveel tegen. Als ze overgaan tot een intensiever beheer zie je de weidevogels verdwijnen.'
'Er zijn gelukkig ook stukken die zover van de boerderij lagen dat ze wat verwaarloosd werden. De natuurbescherming heeft nogal wat van dat soort terreintjes in de wacht weten te slepen. En hier in het Ilperveld zijn er voor de boeren toch wel wat beperkingen, wat betreft het maaien en bepaald voorjaarswerk. Maar dan zie je dat een boer meer koeien of schapen gaat houden en dat is in de broedtijd ook niet zo best.'

polderland

De nooit afgemaakte toren van Ransdorp vormde vroeger toch een goed baken voor de schepen op de Zuiderzee. Ook nu is deze, in het begin van de zestiende eeuw gebouwde toren, die in de jaren 1936-1937 is gerestaureerd, een markant punt in het landschap van Waterland. ●

Veel plaatsnamen hebben het begrip 'water' op de een of andere manier in zich opgenomen. Een beeld als dit maakt duidelijk waarom het kleine dorpje onder Landsmeer aan het Noordhollands Kanaal Watergang heet. Het ligt tussen het kanaal en het uitgestrekte slotengebied van Waterland. ●

dreigende combinatie

Als we later die dag terugrijden naar Amsterdam, nog even de landelijke sfeer proeven van weilanden met zwartbont vee in een geweldige ruimte, doemen toch al gauw de steencontouren op van de stad die menigeen wel eens wil ontvluchten. Voor die 'recreanten' worden tegenwoordig ook 'reservaten' gemaakt. De oude Twiskepolder ten oosten van Landsmeer en Den Ilp is ingericht als Recreatiegebied. Er is nog eens een poging gedaan de polder te ontginnen, maar dat werk heeft men gestaakt. Wel is er zand gewonnen, zodat er een grote plas is ontstaan. Met de aanleg van paden, kronkelend en wel, en 'aangepaste' beplanting die het vlakke gebied wat minder kaal moet maken, kan dit poldergebied een groot aantal rust- of juist watervertier-zoekenden opvangen.
Het is wonderlijk, dat zo dicht bij de grote stad Amsterdam en niet te vergeten de industriestreek langs de Zaan, nog zoveel natuurgebieden voorkomen. Tegen en bij die stedelijke gordel liggen prachtige gebieden als die van Oostzijder- en Westzijderveld, al worden die soms (weer) bedreigd door de ruimte vragende woningbouwers. Er liggen ook terreinen als Wormer en Jisperveld, Oostzanerveld en Reef en naar de kant van de duinstreek toe, in Kennemerland, gebieden als Eilandspolder en Uitgeesterbroekpolder. Polders en 'velden' zijn zo 'hollands' als het maar kan: weilanden, soms drassig, sloten en kanaaltjes, koeien, een stolpboerderij, molens, brede rietkragen als afsluiting van sloot en wei, waarin talloze vogels huizen, soms een moerassig stuk, hier en daar veenmosrietlanden en zowaar heideterreintjes, al moet je die laatste dan vooral varend ontdekken. Het is begrijpelijk, dat de overheid wil proberen dat heel eigen aspect te bewaren. Een Nationaal Landschap 'Waterland' hoeft dan helemaal geen 'park' te worden, met boeren als parkwachters, maar een stukje Noord-Holland waar met enige spelregels geprobeerd wordt, werken, wonen en recreëren zo harmonieus te laten samengaan en zich te laten ontwikkelen, dat het waardevolle niet verloren gaat.
Zo'n Waterland en het gebied bij de Zaan is dan wel heel verschillend van het landschap van de wijde polders, de drooggemaakte meren. Liniaalrecht zijn daar de wegen en sloten, keurig rechthoekig verdeeld de weilanden en akkers. Bomenrijen langs de

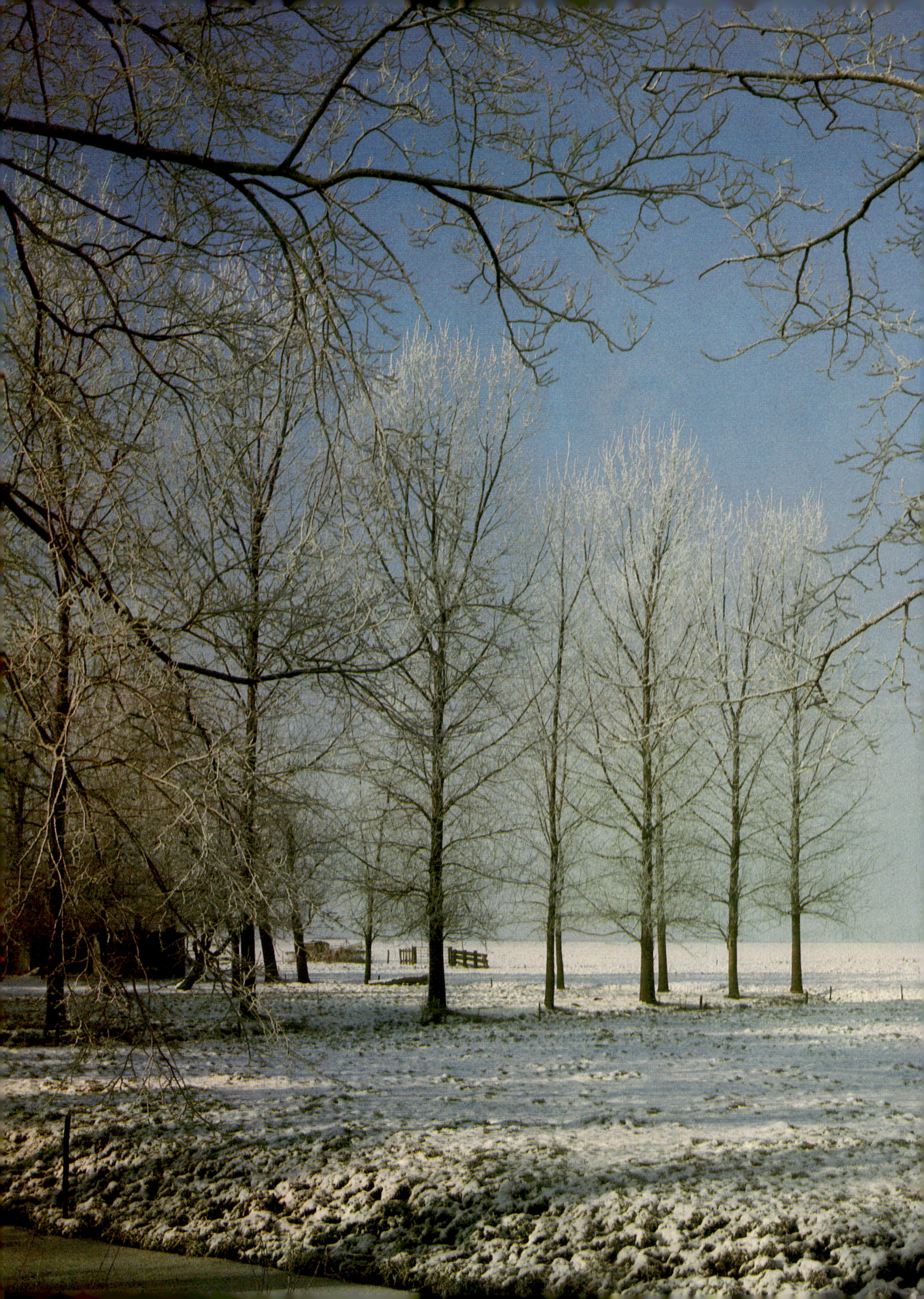

polderland

• Zo'n winters beeld is goed voor een mooie foto, maar veel vogels zijn nu wel vertrokken naar warmere streken. Van de weidevogels wil alleen de kievit nog wel eens blijven hangen. Maar als het echt gaat vriezen trekt ook hij een eindje verderop.

• Een beeld dat je eerder verwacht op de Veluwe of in Drenthe. Maar ook in Waterland houdt men schapen en die moeten wel eens naar een andere wei.

wegen (soms uitgedund door de iepziekte), boomgroepen bij de boerderijen, vaak stolpen, en soms langs de vaarten toch ook weer de rietkragen, die meer planten en dieren leefmogelijkheden geven. Wonderlijk, die combinatie van overvolle steden en nabijgelegen natuurgebieden. Ook een dreigende combinatie soms. Die van de steeds meer ruimte vragende steden en industrieën. Enige jaren geleden is er een 'Weidevogelsymposium' gehouden, waarin duidelijk werd gesteld, dat in verschillende delen van Nederland de weidevogelstand achteruitgaat. In een resolutie aan het slot van de tweedaagse conferentie werd een resolutie naar 'Den Haag' gestuurd waarin 'ernstige bezorgdheid' werd geuit over het behoud van de weidevogels. Ook werd er daarin (o.m.) aangedrongen op het met kracht streven naar 'het behoud van de belangrijkste weidevogelbiotopen, ook langs de weg van de ruimtelijke ordening'.
Toch heeft dit soort problemen wel de aandacht van de overheid. In een publikatie van het provinciaal bestuur van Noord-Holland ('Van strandwal tot randstad') wordt ook gesignaleerd, dat de weidevogels bedreigd worden en dat de werkelijkheid van vandaag door allerlei ingrepen en veranderingen voor de natuur somber is. Die publikatie besluit met de woorden: 'Een les die de historie ons leert: de Noordhollander blijft het land naar zijn hand zetten en blijft het gezicht van de provincie veranderen. Kan dat doorgaan tot Noord-Holland géén gezicht meer heeft, één vervuilde berm geworden is? Er zijn andere lessen te trekken. De Noordhollander heeft, mogelijk wijs geworden door schade en schande, meer oog gekregen voor aantasting van natuur en milieu. Landschap- en natuurgebieden worden nu ook verdedigd tegen aantasting, niet alleen meer tegen de aloude vijand, het water. Een ingreep hoeft niet veel te ver te gaan of het wordt een misgreep.'

ijsselmeer

de oude zee en het meer

Het schiereiland Noord-Holland, ooit bespoeld door twee zeeën, kent aan de oostkant alleen nog maar het al danig getemde IJsselmeer. Dat heeft, met zijn verleden als Zuiderzee, de kust duidelijk beïnvloed. De grillige oostkust van Noord-Holland laat het zien in de stadjes, de dijken, de doorbraak-kolken, de plantengroei, de vogelwereld. Overal is ook het moderne merkteken te zien: dat van de mens met veel vrije tijd.
Maar wàt ook veranderd is, de wijdheid van de oude binnenzee, zoals die te ervaren is aan die kust, is gebleven. Nog wel.

Bij Monnickendam is het op de zomerse dag dat ik erlangs moet zo druk dat ik de autoradio aanzet om te horen of er hier soms een lange file staat of ander ongemak. Maar er blijken wat bussen die moeilijk manoeuvreren en al gauw rijd ik naar Marken. Op de weg onderlangs de dijk heb ik voor en achter ook gezelschap, maar de drukte begint pas dicht bij de grote parkeerplaats. En vandaar stroomt een geregelde aanvoer van dagjesmensen naar Kerkbuurt en Havenbuurt. Ik ga de andere kant op, kom door Wittewerf en Grotewerf en lijk er alleen op het voormalige eiland.
In het andere kleine, oude gehucht, Rozewerf, ga ik de dijk op naar de vuurtoren. Daar verbaas ik me eerst over de weelderige plantengroei op, en langs de basaltglooiing.

Margrieten, kamille, klaprozen, distels, havikskruid, akkerwinde, klein hoefblad... Het staat er allemaal alsof het een tuin is, die dijk...
Achter die dijk liggen weilanden en misschien zijn ze wel een beetje drassig: ik zie er nogal wat kieviten rondscharrelen. En ook scholeksters en een enkele tureluur. Verderop staat een reiger en als ik doorloop zie ik ineens een groot aantal zwarte sternen in de wei en erboven. Ook dit is dus Marken. Aan de andere kant strekt zich het IJsselmeer uit. En dat is een goed woord. Het is een uitgestrekte watervlakte, die op deze zonnige dag, zonder veel wind, een zeer vriendelijke indruk maakt. Daaraan werken ook de knobbelzwanen mee, die in flottielje langs

• In de beschutting van een dijk vinden veel watervogels een rustplaats. En waar het water niet hoog staat vinden ze er ook voldoende voedsel om lange tijd er te blijven 'dobberen'.

Een 'vergeten' hoek • van Zuidelijk Flevoland heeft zich kunnen ontwikkelen tot een inmiddels schitterend en tot ver in het buitenland vermaard natuurgebied, de Oostvaardersplassen. Veel watervogels, maar ook rietbewoners en roofvogels vinden hier een goed leefgebied.

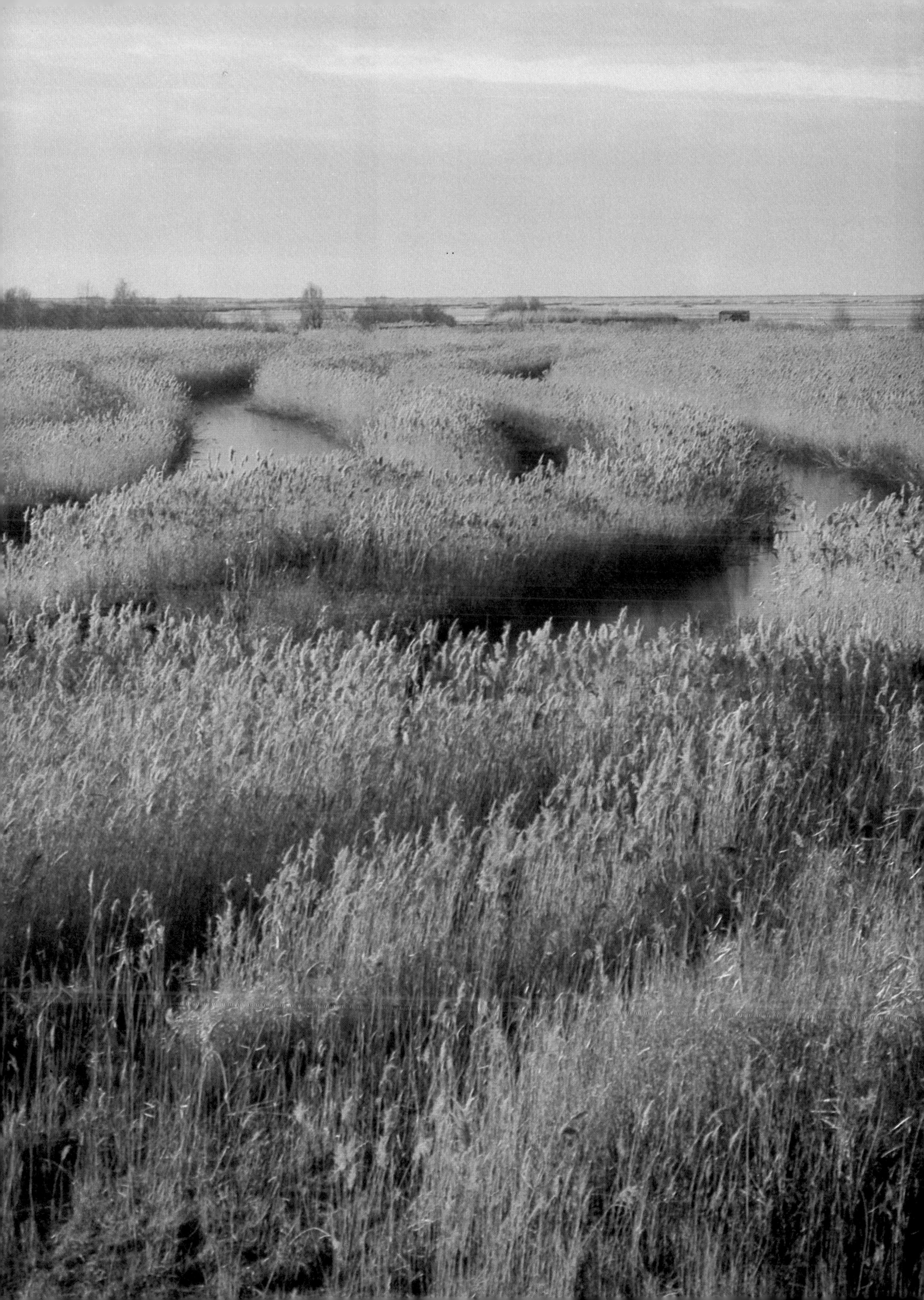

ijsselmeer

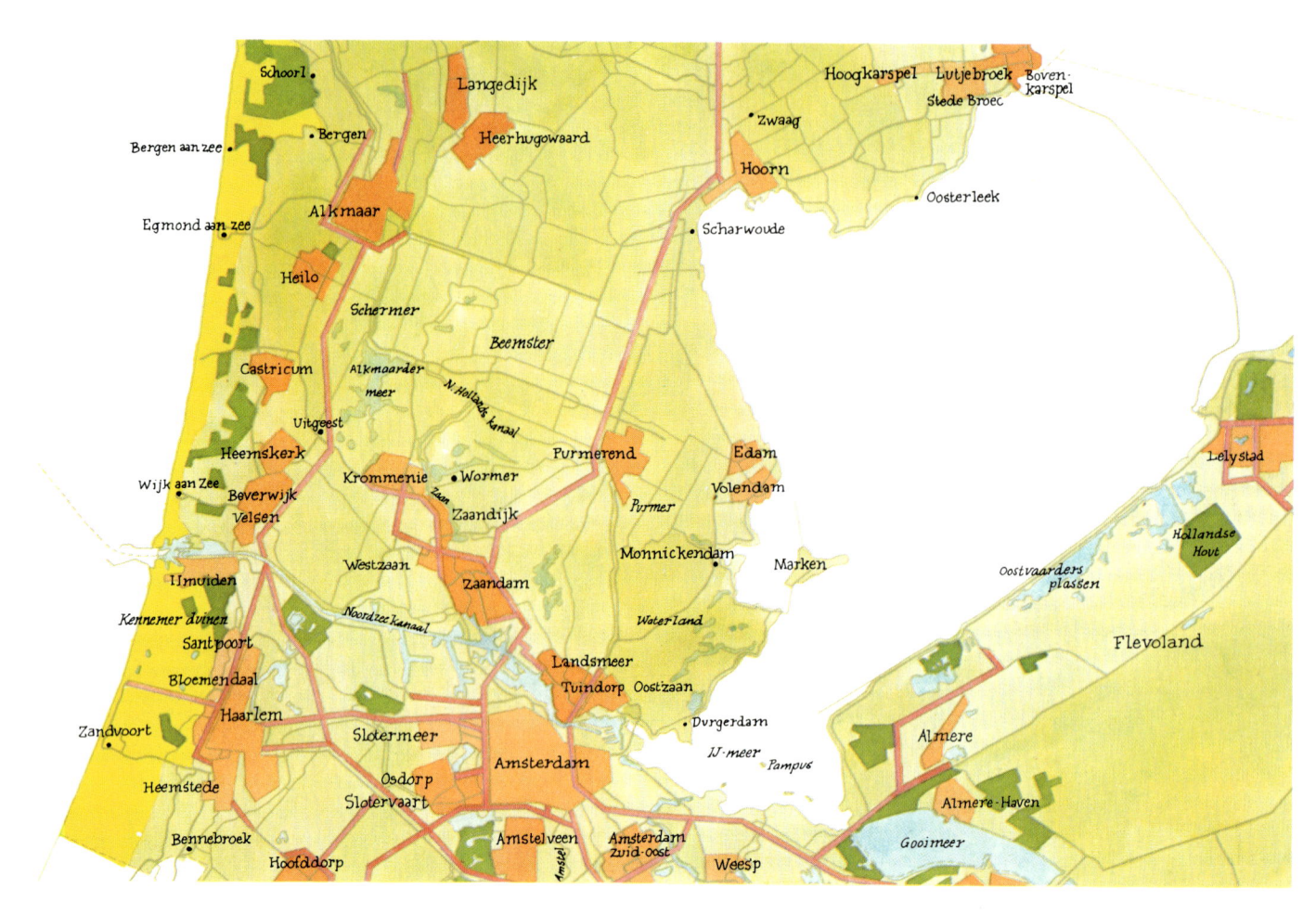

komen, en het bruinrode zeil, dat langzaam naar de witte vuurtoren gaat. Het zeil verdwijnt, maar van rechts komt al een ander. 't Is nog een klein wit plekje en het accentueert de wijdheid van het meer, dat je hier geneigd bent 'zee' te noemen. De horizon is nauwelijks een streep tussen het donkere water en de blauwe lucht waar geen wolkje hangt. Het is daar achteraan wat heiig en het schijnt dat dit minder met nevels dan met luchtvervuiling heeft te maken. 't Is een geweldig schouwspel, waar ik maar niet genoeg van kan krijgen. Het contrast is ook boeiend. Hier het eiland met vogels, planten en kleine, schilderachtige houten huizen, daar de wijde watervlakte van het IJsselmeer. Hier op het smalle pad over de dijk, die bescherming genoeg zal bieden nu er inmiddels al een tweede afsluitdijk ligt tussen Enkhuizen en Lelystad, zie ik nergens land. Eigenlijk, bedenk ik, een bijzondere situatie in ons overvolle Noord-Holland: openheid, wijdheid, niets wat de blik remt. En dit is nog maar een klein deel van wat ooit het IJsselmeer was. Grote stukken zijn al weer land. 't Is, hoe imposant de wijdheid van dit Markermeer ook is, inmiddels een Klein IJsselmeer geworden. Het beeld van de kaart gaat daarmee terug naar het verleden. Want het is ooit land geweest, lang geleden. Er hebben al in de steentijd, duizenden jaren voor Christus, mensen gewoond in de streken waar nu de nieuwe IJsselmeerpolders liggen. Opgravingen en toevallige vondsten hebben geleerd, dat er jagers rondzwierven door uitgestrekte bossen en dat veel later ook hier de mens begon met landbouw. Op oude kaarten zie je hoe de vorm van de diepe zee-inham vanuit het noorden steeds meer veranderde tot een binnenzee. Al vele jaren voor het begin van onze jaartelling begon de zee het land achter de inmiddels gevormde strandwallen te veranderen. Eerst met een 'inbraak' in het huidige West-Friesland, bij Zijpe, welke boezem doorliep tot de IJssel, later met het oer-IJ, dat bij Castricum binnenkwam. Binnendringende zee, vorming van moerassen en wad-gebieden, weer wegslaan van veenpakketten... het kon allemaal in een tijd zonder dijken. Zo was ook het grote binnenmeer ontstaan, dat de Romeinen Flevo noemden, dat later Almere ging heten en dat nog weer later, omstreeks 1300, de benaming kreeg van Zuydersee. In die tijd kwam ook de dijkbouw op gang en hoewel dat vaak nog primitieve dijken waren en bij storm menige ramp plaatsvond, zijn er toch geen grote veranderingen meer

Kaarsrecht en stoer • ligt de dijk bij Oude Zeug (oorspronkelijk de naam van een zandbank in de Zuiderzee, nu een gehucht op Wieringen) het voormalige eiland Wieringen te beschermen tegen het water. Maar die onverbiddelijkheid wordt verzacht door de rijke begroeiing in de zomer.

ijsselmeer

opgetreden in de vorm van die Zuiderzee. Die veranderingen grijpen nu plaats. Op grote schaal, met modern materiaal, worden dijken gebouwd en land veroverd. De oude naam Almere staat weer op de kaart van 1983. Een moderne stad duidt die aan, woonplaats voor de velen voor wie er in de volle Randstad geen plaats is.
Na de fascinerende rondwandeling over de dijk om Marken ga ik terug naar Volendam, dat in de drukte van de toeristendag alleen maar 'attractiepunt' lijkt voor veel warme mensen. Ik laat het dus maar rechts liggen en koers naar Edam en Warder, langs het oude Zeevang. 't Is hier rustig. Wie naar het noorden wil en haast heeft, kiest een andere weg. Dit kustland is toch aardig genoeg om er langer te toeven. Binnen de dijk liggen de weilanden, erbuiten de oude binnenzee, die nu druk bevaren wordt met plezierboten. Veel daarvan liggen ook vaak aan de wal. In de oude stadjes als Hoorn en Enkhuizen, met een geweldig, nu romantisch genoemd en welvarend verleden, vol namen en begrippen van zeevaart en handel, liggen de grote jachthavens altijd vol. Wie nog graag in het verleden wil kijken, wil dromen bij oude schepen, moet in Enkhuizen even

de kemphaantjes kwamen voorbijschieten...

'Als er dan in Schellingwou pas geschut was, moesten we oppassen om niet aangevaren te worden, want er komt dan soms een hele optocht opzetten van stoomboten en tjalken. Maar als we die goed en wel gekruist hadden, dan ging het om den vuurtoren heen langs de polder Ydoorn en daar slopen we langs alle kreken en binnenwatertjes, om daar de vogelwereld te bestuderen, vooral om er op te letten, wat daar in den zomeravond kwam voorbij trekken of voedselzoeken op het slib. Wat kon het daar kil en verlaten worden, als de zon was ondergegaan en de sluislichten van het Rijnkanaal bleek blonken tegen den avondhemel. De tureluurs en wulpen lieten hun welluidend gefluit horen en in diep stilzwijgen kwamen scholen kemphaantjes voorbij schieten terwijl heele gezelschappen kieviten hun avondbadje namen langs de rietzoom, waarin een bleeke lila schemering was van vele heemstplanten. Er was een weeïge geur van zeewier en de golfslag gleed langzaam langs de gladde, steile uitgeknaagde kleioevers.'
Aldus Jac. P. Thijsse in één van zijn verhalen in het plaatjesalbum *Langs de Zuiderzee*, dat in 1914 verscheen. Hij kon toen in het 'Voorbericht' ook schrijven: 'Ga nu de Zuiderzee zien, eer het te laat is'.

ijsselmeer

In de pas drooggevallen IJsselmeerpolders ontwikkelde zich op zeer grote schaal de moerasandijvie. Het vruchtpluis dat zich na de bloei vormt, kon zich over een groot deel van ons land verspreiden. De grote, geel-bloeiende plant voelt zich vooral goed thuis in moerassige gebieden en kan dan wel anderhalve meter hoog worden.

verder lopen dan die volle jachthavens. Het Zuiderzeemuseum ligt vol met contrasten met vandaag.

het markermeer

De steengeworden liniaalstreep in het IJsselmeer, tussen Enkhuizen en Lelystad, is voor mij gevaarlijk. Weliswaar hebben borden al gewaarschuwd voor vogels, maar dat brengt mij juist op het idee te kijken. Vooral rechts. En dat moet je niet doen in een auto. Langs deze Houtribdijk zitten veel zwanen, maar ik zie niet goed wat voor zwanen. Telkens weer als een grote concentratie zich vertoont, wil ik zien of het knobbelzwanen zijn of wilde zwanen. Het zijn 'knobbels'. Verderop staat op een paal een aalscholver breeduit zijn veren te drogen. Op het water ernaast dobberen meerkoeten en kuifeenden. Maar het wit van de zwanen overheerst. Het moeten er duizenden zijn.

Door deskundigen verrichte vogeltellingen hebben geleerd, dat 's winters vele honderdduizenden vogels het IJsselmeer zien als een goed doortrek- of overwinteringsgebied. Nu het grote IJsselmeer door de Houtribdijk in twee compartimenten is verdeeld, heeft men ook de vogels van het Markermeer apart kunnen tellen. In het voorjaar van 1978 zijn bijvoorbeeld bij een vaartocht ten noorden van de Houtribdijk (Klein IJsselmeer) 165 000 toppereenden geteld. Op het Markermeer kwam men op een (geschat) aantal van 5000 toppereenden als 'gemiddelde'. Ook andere soorten komen in grote aantallen op Markermeer en IJsselmeer voor: fuut, aalscholver, kuifeend, tafeleend, brilduiker, zaagbek, mantelmeeuw, zilvermeeuw, stormmeeuw, kokmeeuw, zwarte stern en visdief. Wetenschappers constateerden, dat voor aalscholver, brilduiker, nonnetje en visdief vooral het Markermeer van grote betekenis is. Dat deel van het IJsselmeer blijkt ook het meest voedselrijke deel te zijn.

Door zijn vogelrijkdom, zijn mogelijkheden voor veel vogels om er voedsel te zoeken, te overwinteren, te pleisteren, te ruien, is het dan ook van grote betekenis. Gerekend naar een aantal normen voor internationale betekenis is het Markermeer te beschouwen als 'van internationaal tot groot internationaal belang'.

Terecht dus, dat er van de kant van wetenschap en natuurbescherming grote bezwaren kwamen toen de regering dit Markermeer wilde gaan inpolderen, als de laatste in de rij van IJsselmeerpolders.

ijsselmeer

• De velduil is een uil, die men ook overdag kan zien jagen of 'zomaar' op een weidepaal kan zien zitten. Hij voedt zich vooral met veldmuizen en als er een muizenplaag heerst gedijt de soort zo goed dat hij wel twee keer in één seizoen jongen grootbrengt. Honderden muizen verdwijnen in uilemagen. In slechte muizejaren gaat het ook de velduil minder goed. In de IJsselmeerpolders kan men hem vaak zien.

proefpolder andijk als voorbeeld

Die rij is begonnen bij het Noordhollandse kustdorp Andijk. Daar werd in de jaren 1926 en 1927 een klein stukje (40 ha) van het IJsselmeer ingepolderd om te zien hoe men het grote karwei van de inpoldering van het IJsselmeer moest aanpakken en vooral wat men aanmoest met ontwatering, ontzilting, bodemrijping, keuze van gewas, bemesting en grondbewerking. Toen men aldus een wetenschappelijke basis had gelegd begon men aan het echte werk, de ontginning van de Wieringermeer, die in 1930 droogviel. De oude Zuiderzee, die ook als binnenzee toch altijd gevaarlijk bleef, zowel voor wie erop voer als voor wie er aan de kust woonde, is altijd een uitdaging geweest voor technische mensen. Al in 1667 had ene Hendrick Stevin ideeën gelanceerd om die Zuiderzee af te dammen. Maar een binnenzee van een 400 000 ha is wel even wat anders dan een meer als dat van Schermer en Purmer. Het technisch vermogen schoot te kort. Het duurde tot de twintigste eeuw voordat er opnieuw serieuze plannen werden ontwikkeld. Bij die plannen duikt dan de naam op van ir. Cornelis Lely, die al jaren bezig geweest was om de mogelijkheden van inpoldering te onderzoeken. Hij kwam met het plan eerst een afsluitdijk te bouwen tussen Noord-Holland en Friesland, om daarna in het achter die dam gelegen meer vijf polders droog te maken. Over dat plan is er heel wat vergaderd en gediscussieerd. Maar toen in 1916 Noord-Holland geteisterd werd door overstromingen kwam er meer spoed. En in 1917 zei koningin Wilhelmina in haar troonrede onder meer: 'Ik acht de tijd gekomen om de afsluiting en droogmaking van de Zuiderzee te ondernemen. Verbetering van de waterstaatkundige toestand der omliggende provinciën, uitbreiding van grondgebied en blijvende vermeerdering van arbeidsgelegenheid zullen daarvan het gevolg zijn.' In 1918 werd de Zuiderzeewet aangenomen. Na veel voorbereidingen begon men in 1920 aan de afsluitdijk, dat wil zeggen, het eerste stuk daarvan, de dijk tussen het vasteland van Noord-Holland en het eiland Wieringen. Daar was men vier jaren later mee klaar en toen kwam het moeilijkste stuk, de dijk van Wieringen naar Friesland. Het werd een karwei van acht jaar. In mei 1932 ging de dijk dicht. Ondertussen was men ook al begonnen met de bouw van dijken en

ijsselmeer

• Voor vogelliefhebbers zijn de Oostvaardersplassen geweldig rijke kijk-gebieden. Er zijn altijd veel soorten vogels te zien en meestal ook nog in grote aantallen. Op de wat slikkige terreintjes rusten en fourageren hier o.a. de fraai zwart-wit getekende kluten.

Voor het bekijken van • de vogels in het natuurgebied de Oostvaardersplassen hoeft men het terrein niet in. Vanaf de (hoger gelegen) dijken heeft men een goed overzicht.

gemalen voor de inpoldering van het stuk Zuiderzee tussen Wieringen en West-Friesland. En al voor de grote Afsluitdijk klaar was, in 1930, kwam de Wieringermeer droog te vallen.
Met de kennis die was opgedaan in de proefpolder Andijk kon men hier aan de slag. Dat wil zeggen: men moest proberen van de sterk verzuurde grond, die na de droogmaking overbleef, de zgn. 'katteklei', goede landbouwgrond te maken. Maar er waren arbeidskrachten genoeg in die jaren dertig van de grote crisis en de werkloosheid. Met overwegend handkracht is die Wieringermeer ontgonnen. Het werd bijna uitsluitend een landbouwgebied, met rechthoekige kavels en een aanvankelijk slecht ontwikkelende bewoning.
In de daarop volgende jaren ging men het rijtje van de plannen af: Noordoostpolder (1942), Oostelijk Flevoland (1957)... Maar in plaats van als derde in dit rijtje de Markerwaard te nemen besloot de toenmalige regering toch maar eerst Zuidelijk Flevoland in te polderen. Dat was goedkoper en die polder Zuidelijk Flevoland lag dichter bij het volle Noord-Holland dat wel een beetje ruimte kon gebruiken. Bovendien lag er met Oostelijk Flevoland al een stevige dijk. De gemalen kregen dit stuk van het IJsselmeer droog in mei '68.

nieuw toevluchtsoord voor vogels

Dat wil zeggen, voor het grootste deel. Want toen de polder 'droog' was bleef er in de noordhoek, bij Lelystad, een stuk moeras liggen tussen de Oostvaardersdijk en de Knardijk. Men had op die plaats zand gewonnen, waardoor de bodem hier lager was komen te liggen en er toch water in bleef staan. Men heeft die situatie maar even gelaten voor wat die was en zich eerst bemoeid met de verdere inrichting en in cultuur-brenging. Het gebied zou wellicht toch een bestemming als industrieterrein krijgen. Maar in de loop van de volgende jaren ontwikkelde deze hoek zich tot een geweldig natuurgebied. Het moerasgebied met stukken open water raakte begroeid met biezen, lisdodden langs de oevers en met rietvelden en wilgenbossen. En dat bleek een uitgelezen vogelgebied te zijn. Hier waren rust, stilte, volop voedsel en gelegenheid tot broeden.
Dat zijn factoren die elders in Nederland schaars zijn geworden en dus werd dit stukje Zuid-Flevoland een nieuw toevluchtsoord voor heel veel vogels uit West-Europa. Er arriveerden zelfs vogels die in lange tijd

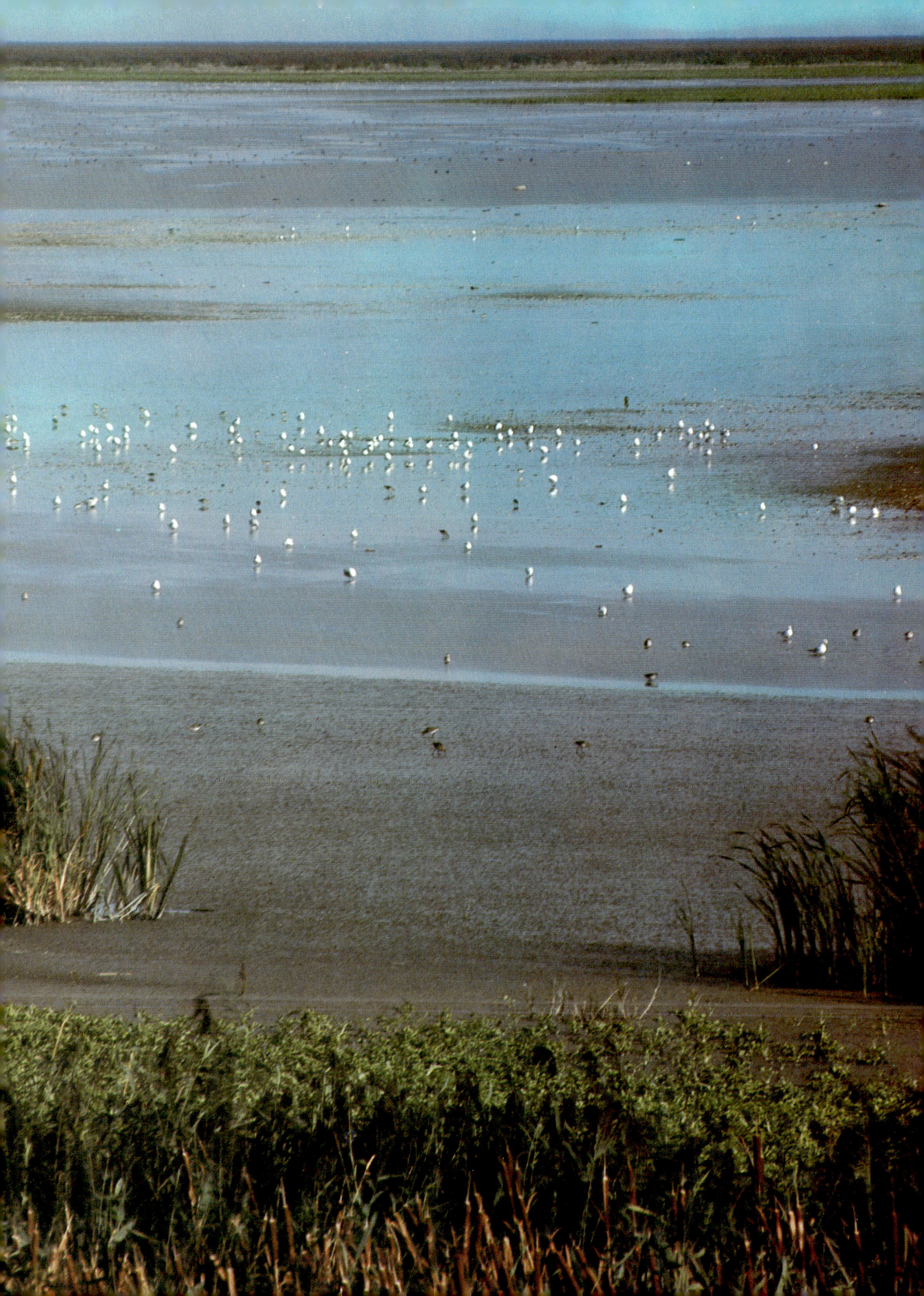

ijsselmeer

Nederland niet meer hadden bezocht om er te broeden.
In een uitgave van 'Vogelbescherming' in 1980 werd deze ontwikkeling als volgt gekarakteriseerd: 'In een tijd, dat de nog resterende rijkdom aan planten en dieren in steeds sneller tempo wordt vernietigd door de bouw van huizen, wegen, campings en industrieën; door ruilverkavelingen, recreatie en vergiften, is het nauwelijks minder dan een wonder dat ergens in ons land iets van de vergane glorie van de moerasgebieden herleeft. Dit gebeurt namelijk, en wel in het Oostvaardersplassengebied. Daar ontwikkelt zich in snel tempo de levensgemeenschap van de uitgebreide moerasgebieden, die Nederland vroeger bedekten. (...) Met wijs beleid, geduld en wat geluk kan het Oostvaardersplassengebied uitgroeien tot een stukje oer-Nederland, compleet met de overvloedige rijkdom aan planten en dieren die in uitgestrekte, ongestoorde moerasgebieden thuishoort. Hier doet zich een unieke kans voor om de restauratie van een oorspronkelijk in Nederland aanwezige levensgemeenschap te laten plaatsvinden.'
Het is grappig en interessant om te zien hoe één van de vogelsoorten die in het gebied komen ervoor zorgt, dat het moeras niet dichtgroeit, wat natuurlijk zou zijn. De grauwe gans namelijk zorgt met zijn wijze van voedsel zoeken voor het tegengaan van verlanding. Deze vogel vertoeft met vele duizenden soortgenoten in het voorjaar in die delen waar riet, lisdodde, en bies willen gaan groeien. Maar de jonge scheuten van deze planten én de delen onder water en de wortelstokken zijn graag gezocht voedsel voor de grauwe gans. Wekenlang vreten die duizenden ganzen de boel kaal, waarmee ze voorkomen dat het moeras dichtgroeit. Bovendien leveren ze met hun uitwerpselen, waarin veel onverteerde plantedelen zitten, voedsel voor andere organismen. Dat zijn vooral algen. En die vormen weer voedsel voor larven, weekdieren en kleine visjes, die worden gegeten door mosselen en grotere vissen, die weer een goed maal opleveren voor diverse vogelsoorten die op hun beurt weer kunnen worden gepakt door visarend, blauwe reiger, kiekendief of zeearend.
Dat het alles bij elkaar geen kwestie is van een paar bijzondere vogels bewijzen de aantallen. Veel roofvogels doen het gebied aan tijdens de trek of blijven er zelfs overwinteren. Buizerds, kiekendieven (de bruine is zelfs eens in een aantal van 600 geregistreerd) en zelfs een drie, vier zeearenden. In de winter komen er grote aantallen ganzen: zo'n 50 000 kolganzen, 20 000 grauwe ganzen, 10 000 rietganzen en 3000 brandganzen. Een aantal van zo'n 7000 grauwe ganzen blijft er ook zomers om er te ruien, terwijl een 100 tot 200 paar er broedt.
De Oostvaardersplassen zijn belangrijk broedgebied voor de lepelaar. Met ruim zeventig broedparen is het hier al de grootste broedkolonie in Nederland. En dan gaat het alleen nog maar over de grote, spectaculaire of overigens zeldzame vogels. Er zijn nog veel, heel veel, andere soorten ook. De vogelbeschermers wijzen erop, dat de oorzaak van de komst van zoveel vogels wel eens zou kunnen zijn, dat deze vogels hier een wijkplaats vinden waar ze elders verdreven zijn. Dat maakt niet alleen de Oostvaardersplassen kostbaar, maar de vogels ook kwetsbaar. Ze zijn te zeer afhankelijk van maar één groot gebied. Dat de vogels in zulke grote aantallen te zien zijn betekent ook niet dat het 'dus' goed gaat met de watervogels, zegt 'Vogelbescherming'. Hier zitten 's winters op een kluitje de vogels die hun broedgebied verspreid hebben liggen over vele vierkante kilometers.
De al even genoemde publikatie van 'Vogelbescherming' ('Oostvaardersplassen', juni 1980) zegt o.m.: 'Het meest opwindende facet is misschien wel dat de levensgemeenschap in het Oostvaardersplassengebied zich nog verder kan ontplooien totdat er ten slotte een oecosysteem zal zijn

● Goudgeel graan groeit en rijpt er nu op de uitgestrekte akkers, die werden gewonnen op het water. Het meest verbouwde graan is tarwe, dat het beste gedijt op kleigrond. Er zijn twee soorten: wintertarwe (wordt in de herfst gezaaid) en zomertarwe.

ijsselmeer

In het moderne landbouwbedrijf, zoals zich dat in de nieuwe IJsselmeerpolders heeft gevestigd, worden grote machines gebruikt. Ook bij de oogst worden zo vele mensen-
● handen vervangen.

ontstaan, zoals dat waarschijnlijk ook tot in de vroege middeleeuwen op vele plaatsen in ons land was te vinden. Naast de thans aanwezige soorten zullen zich dan naar het zich laat aanzien de grote zilverreiger, kleine zilverreiger, kwak en ralreiger permanent als broedvogel in het gebied vestigen, evenals de visarend en, als laatste schakel in de voedselketen, de zeearend.'

verkleining van het oostvaardersplassengebied

Dit unieke natuurgebied ontkomt niet aan bedreigingen, zodat het de vraag is of dit toekomstbeeld inderdaad gerealiseerd kan worden. Want er zijn plannen om het deel van het natuurgebied dat door bedijking droog is, maar dat als aansluitend gebied wel erg belangrijk is voor de vogels, te bestemmen als landbouwgebied. Dat is een stuk ter grootte van 2400 ha, oftewel bijna de helft van het huidige Oostvaardersplassengebied. Ook vestiging van industrieën aan de westkant en uitbreiding van de stedelijke bebouwing van zowel Lelystad als Almere vormen ernstige bedreigingen.
Uiteraard is tegen die plannen fel protest gerezen. Die kwam niet alleen van de natuurbescherming in Nederland, maar ook vanuit de Raad van Europa, die er de Nederlandse regering op wees, dat het gebied een 'nat land' is waarvan de Europese landen vinden dat die beschermd moet worden. De vele, goed geargumenteerde en onderbouwde protesten hebben er inmiddels toe geleid, dat de plannen voor een spoorlijn dwars door het gebied, zijn veranderd. Die spoorlijn zal nu verderop worden aangelegd, langs de weg die er al loopt.
Over de mogelijkheden tot behoud en verdere ontwikkeling is door Staatsbosbeheer

● Hoe gemechaniseerd de moderne landbouw tegenwoordig ook is, vaak komt er toch ook nog wel handkracht aan te pas, zoals hier bij het opladen van de strobalen.

● Een speciaal stukje handwerk is het maken van de oppers waarop bij voorbeeld het vlas te drogen wordt gezet.

ijsselmeer

een rapport uitgebracht (geschreven door drs. F.W.M. Vera), waarin wordt gesteld, dat er een groot verlies aan natuurwaarden wordt teweeg gebracht als de plannen tot verkleining van het Oostvaardersplassengebied worden gerealiseerd. Door verdere inrichting van Zuidelijk Flevoland buiten dit natuurgebied verdwijnen voor veel vogelsoorten de noodzakelijke voedselgronden en rust. Bij verkleining van het natuurgebied zelf zal het planten- en dierenleven verarmen tot een flauw aftreksel van de huidige toestand, aldus het rapport van Staatsbosbeheer.
In een commentaar op dit rapport (dat door velen 'voortreffelijk' werd genoemd) schreef de (emeritus) hoogleraar aan de V.U., prof. dr. K.H. Voous: 'In een tijd dat de natuur aan alle kanten wordt bedreigd en vernietigd is het een onverwacht lichtpunt, dat er een natuurgebied van grote waarde in Nederland is bijgekomen. En wel van een uiterlijk en een samenstelling, die maagdelijke, vóórmiddeleeuwse tijden voor de geest roept. Want zó mag men de Oostvaardersplassen wel beoordelen. Tot nu toe heeft dit gebied relatief weinig gekost. Het is ontstaan, geworden, bezig zich verder te ontplooien, onder het wakend oog van de Rijksdienst voor de IJsselmeerpolders en van de tallozen uit binnen- en buitenland die vanaf de omringende dijken een blik op de vooral op vogelgebied onvoorstelbare rijkdom hebben mogen werpen. Om dit geschenk te aanvaarden is niets anders nodig dan zijn goed gemarkeerde grenzen te eerbiedigen, niets van zijn oppervlak te laten afknibbelen (…)'

de poldermakers

Het handhaven van een nog nat deel in een IJsselmeerpolder is een ongewone onderbreking in de opeenvolging van activiteiten die van water land moeten maken. Die reeks activiteiten bestaat, zoals bekend, uit: het bouwen van een dijk waarmee het water wordt opgesloten, het wegpompen van het water met een aantal gemalen en het daarna ontginnen van de vrijgekomen bodem. Die bodem is de eerste jaren een modderige vlakte, die verandert in een moeras waar spontaan begroeiing ontstaat van zeebies, lisdodde, riet en moerasandijvie. Dat trekt veel insekten en vogels. Maar het is niet de bedoeling die er te laten blijven. De zachte moerasbodem wordt (met vliegtuigjes) ingezaaid met riet. Dat onttrekt veel water aan de bodem, verstikt het 'onkruid' en verstevigt met zijn

• Het IJsselmeer lijkt hier ver. Het zou een stukje 'binnenland' kunnen zijn. Het is Wieringen, dat als eiland in de eerste IJsselmeerpolder kwam te liggen.

• De forse dijk laat vermoeden dat daarachter water ligt. Dat is niet altijd het geval. Soms zijn het reservedijken of ook wel oude dijken die bij vroegere landaanwinningswerken zijn gebruikt.

Ijsselmeer

ijsselmeer

• Waar de mens (nog) niet ingreep ontstonden rijk bewoonde natuurgebieden met voor veel dieren volop voedsel. Al is het niet meteen in geld uit te drukken, ook zulke gebieden hebben grote waarde. Er zou van die oppervlakten niets meer mogen worden afgehaald.

wortelstelsel de grond. Daar kunnen dan eindelijk machines op om greppels te graven waardoor het nog aanwezige water kan verdwijnen. Dan heeft het riet zijn werk gedaan en mag het verdwijnen. Dat gebeurt rigoureus: met afbranden.
Ondertussen is het nieuwe 'land' al uitgemeten en zijn de toekomstige wegen en sloten aangegeven. Met grote machines worden er vaarten en sloten gegraven, en na voortdurend eggen wordt aan het einde van een zomer koolzaad ingezaaid. Dat is een pioniergewas. Het kan goed tegen eventueel zout in de grond, schiet snel op, onderdrukt onkruid en is economisch aantrekkelijk. Daarna komt het land verder in cultuur en wordt het uitgegeven aan boeren. Over het algemeen zijn de polders vooral akkerbouwgebied. De voornaamste produkten zijn suikerbieten, aardappelen, granen en uien. Langs de randen vertonen zich vaak de weilanden met vee, en op enkele plaatsen wordt bloembollen- en fruitteelt bedreven. Behalve voor de landbouw zijn de nieuwe polders vooral ook benut voor uitbreiding van de woonruimte. Vooral de snelle groei van de Randstad vormde een reden om in Flevoland ook steden te bouwen. Almere, vlakbij Gooi en Amsterdam, moet een stad met verscheidene kernen worden, waar zo'n 250 000 mensen moeten kunnen wonen. Ook de aanleg en inrichting van recreatiegebieden past in de reeks van activiteiten. In de wat oudere polders beginnen de bossen al enige allure te krijgen als echt wandelgebied. Tenslotte geven de poldermakers tegenwoordig ook meer ruimte aan natuurbouw...
Terwijl de polder Zuidelijk Flevoland zich zo ontwikkelde werd al weer een nieuwe dijk gelegd, die tussen Enkhuizen en Lelystad, als eerste fase van de inpoldering van de vijfde en laatste polder uit het oorspronkelijke plan, de Markerwaard. Sommigen noemen deze dijk, waar eind december 1976 de eerste auto's overheen reden, de Houtribdijk, anderen de Markerwaarddijk. De eerste willen geen Markerwaard, de tweede wel. De eerste spreken ook over het Markermeer als ze het deel van het IJsselmeer bedoelen, dat ten westen van die dijk ligt, de anderen praten over Markerwaard.

de nathouders en droogmakers

Het geeft al de tegenstelling aan tussen de visies op de toekomst van het overgebleven stuk IJsselmeer. De ene wil het nat houden, de ander wil het droogmaken.

ijsselmeer

De voorstanders van het droogmaken willen meer ruimte creëren voor woningen, landbouw, recreatie, eventueel militaire oefenterreinen en een tweede nationale luchthaven. Ook zou er in de nieuwe polder aan natuurbouw gedaan kunnen worden. De tegenstanders van inpoldering wijzen erop dat het behouden van een Markermeer vele belangrijke waarden oplevert voor waterhuishouding en natuur. Ook worden de gevolgen voor het milieu van de wadden, de oeverlanden en het totale landschap van oostelijk Noord-Holland bij inpoldering als negatief genoemd.

Er kwamen dus nota's, rapporten, studiedagen, conferenties, weer rapporten, adviezen, brochures, protestacties. En ondertussen werd de dijk Enkhuizen–Lelystad gebouwd... Argumentatie: het is 'een noodzakelijk werk voor de veiligheid tegen overstromingsgevaar, de watervoorziening en de waterkwaliteit'. Ook een dijk om Marken en een tweede Oostvaardersdijk zouden daar dan bij horen. In een publikatie van de Rijksdienst voor de IJsselmeerpolders bestemd voor een groot publiek ('De IJsselmeerpolders in beeld' 1977) wordt aan het noemen van de dijk Enkhuizen–Lelystad de opmerking toegevoegd: 'Met de verwezenlijking van deze dijk is één zijde van een mogelijke Markerwaard dus al vastgelegd.'

In haar actie tegen de inpoldering van het Markermeer wees de Vereniging tot behoud van het IJsselmeer erop, dat het onterecht is, dat het huidige natte IJsselmeergebied in de overheidsnota's wordt beschouwd als lege, onbenutte ruimte. Die ruimte zou dan, na inpoldering van een deel ervan, wel benut kunnen worden. Inpoldering zou een ruimte opleveren van 410 vierkante kilometer. Maar, zei de IJsselmeervereniging, 'als men weet dat jaarlijks in ons land ongeveer 130 km aan landelijk gebied wordt onttrokken ten behoeve van stedelijke functies, dan is de Markerwaard al in enkele jaren opgesoupeerd. De nieuwe polder biedt dus geen oplossing voor de ruimteproblemen van ons land. Erger nog: meer land zal de processen, die leiden tot ruimteverspilling, juist stimuleren. Aldus de Vereniging tot Behoud van het IJsselmeer, die meent 'dat de problemen opgelost moeten worden in het gebied waar zij ontstaan: op het oude land. De nieuwe polder is een schijnoplossing.'

Een 'nat' IJsselmeer betekent ook dat de beroepsvisserij niet aan betekenis hoeft in te boeten, dat de waterrecreatie niet tot een kleiner deel wordt beperkt (met als gevolg een grotere druk op de Waddenzee) en dat de betekenis als internationaal gewaardeerd watervogelgebied gehandhaafd of vergroot kan worden.

Handhaving van het Markermeer betekent, aldus de tegenstanders van inpoldering, ook het behouden van het IJsselmeer als natuurgebied van grote waarde. Want weliswaar is door de afsluiting met een dijk de binnenzee veranderd in een zoet binnenmeer en verdwenen haring en ansjovis, maar de baars, de brasem en de snoekbaars kwamen terug. Door het veranderen van de samenstelling van de bodem en de organismen die daarin leven werd dat IJsselmeer voor vele honderdduizenden vogels een goed foerageer- en overwinteringsgebied.

● Een groep aalscholvers haast zich naar elders. Het IJsselmeer is voor deze viseters een belangrijk voedselgebied. Ze pendelen daarvoor in de broedtijd heen en weer tussen het open water en de broedkolonie in het Naardermeer.

● De lepelaar is met zijn breed als een spatel of lepel uitlopende snavel, zijn witte verenkleed, kuifje en lange poten een opvallende vogel. Hij broedt o.a. in het Naardermeer en zoekt zijn voedsel (visjes, reptielen, insekten, slakken, wormen) vooral in ondiep water en slikken.

ijsselmeer

De beroepsvisserij •
neemt nog een grote
plaats in bij de activi-
teiten op het IJssel-
meer. Vooral paling is
een graag gevangen
vissoort, die goede af-
zet vindt. Bij het lichten
van de netten zijn vaak
vogels in de buurt, die
azen op afval.

• De beroepsvisserij
wordt meestal uitge-
voerd met moderne
kotters, waarmee ef-
ficiënt gewerkt kan
worden. Voor de pa-
lingvisserij kunnen
verschillende types fui-
ken worden toegepast
al naar gelang de
hoedanigheid van het
visgebied.

Het Markermeer wordt voor de visstand belangrijker geacht dan het Kleine IJsselmeer, ten noorden van de dijk Enkhuizen–Lelystad. En met die rijke visstand hangt de aanwezigheid van de vogels samen. Kleine IJsselmeer én Markermeer zijn niet alleen belangrijk voor de vogelliefhebber die er veel vogels kan zien. Het zijn gebieden die van grote betekenis zijn voor de vogelstand van heel West-Europa. De hoofdafdeling Milieu van de Deltadienst van Rijkswaterstaat publiceerde in 1978 een rapport waarin werd aangetoond, dat Nederland het belangrijkste overwinterings-gebied is voor watervogels uit het hoge Noorden, van waaruit naar ons land jaarlijks een anderhalf miljoen watervogels komen. Het IJsselmeer neemt de bovenste plaats in van de lijst onderzochte gebieden. Een belangrijk aandeel in het 'veroveren' van deze eerste plaats levert de watervogel nonnetje. 's Winters zijn er vele duizenden van deze opvallende eend in het Markermeer te zien. Ook andere eendesoorten komen dan in grote aantallen voor: toppereend, brilduiker, kuifeend, tafeleend, krakeend, smient en slobeend. Het hele jaar door gebruiken aalscholvers, die een grote kolonie hebben in het Naardermeer, voor een deel het Markermeer als voedselgebied. Wanneer het Markermeer zou worden ingepolderd verdwijnt een belangrijk leefgebied voor vele vogelsoorten, die binnen Nederland dan geen enkele uitwijkmogelijkheid meer hebben. Er is ook aangetoond, dat er een belangrijke onderlinge samenhang bestaat tussen Kleine IJsselmeer, Markermeer en de oeverlanden. Een 'nat' IJsselmeer ten slotte is, zo zeggen de tegenstanders van inpoldering, ook belangrijk voor de instandhouding van de waardevolle natuurgebieden in de streek ten noorden van Amsterdam, 'Waterland', dat zelfs is voorbestemd een 'nationaal landschap' te worden. Door de aanleg van een Markerwaard zal de grondwaterstand daar kunnen veranderen en zal de bodem dalen met veel zeer kostbare schade aan gebouwen.
Het Markermeer is, zelfs zonder dat je de vogels zou zien, een aparte sensatie voor elke inwoner van vol Noord-Holland. Als je ergens op een dijk klimt en naar het oosten kijkt, zie je alleen maar water, kilometers, kilometers ver. Je ziet er echt de horizon. En er zijn rust en stilte.
Het Markermeer is ten slotte ook een belangrijk gebied voor de vissers, die al zoveel jaren achtereen hun werkgebied steeds kleiner zagen worden. Hun

ijsselmeer

De scholekster is een opvallende steltloper met zijn zwartwitte verenpak, de lange oranje snavel en de hoge roze poten. Het zijn verwoede mossel-eters, zodat ze vooral in de kustgebieden broedden. Ook de scholekster heeft zich aangepast en komt nu veel meer landinwaarts voor.

Net als de ooievaar was ook de blauwe reiger een zomergast, die 's winters wegtrok. Maar dat is al weer lang geleden. De blauwe reiger is een jaarvogel geworden. Ook 's winters blijven de meeste reigers hier. Maar bij strenge vorst krijgen deze vogels het erg moeilijk.

activiteiten, de vissershavens, de oude Zuiderzeestadjes, de kronkelende dijken, bepalen een boeiende sfeer. Die sfeer kan ook omschreven worden met een andere term: het kustgebied heeft een grote, cultuurhistorische waarde.
Voorstanders van inpoldering wijzen erop, dat na inpoldering ook in de dan tot stand gekomen Markerwaard grote natuurgebieden kunnen ontstaan, zoals is gebeurd in Zuidelijk Flevoland, waar de Oostvaardersplassen ontstonden.
In 1979 schreven Hans de Molenaar en Gerard Müskens, medewerkers van het Rijksinstituut voor Natuurbeheer, in het blad 'Natuur en Milieu' over dit aspect:
'Bij de discussies over eventuele inpoldering kampt men met het probleem van de natuurwaarde: afweging van wat er is en waarschijnlijk zal verdwijnen, tegen wat er zou kunnen komen. Een feitelijk onmogelijke vergelijking. Het gaat immers om geheel verschillende zaken, en daarbij met wisselende zekerheden. Als men een schildering van Rembrandt van het doek krabt en Picasso (zo hij nog zou leven) hierop een ander stuk laat schilderen, kan een nieuw kunstwerk van ongetwijfeld grote waarde ontstaan, maar de Rembrandt is wél verloren.'

behoud van het ijsselmeer

Sinds 1972 kennen we in Nederland de Vereniging tot Behoud van het IJsselmeer. Deze vereniging heeft zich ten doel gesteld het (nog resterende) IJsselmeer en zijn naaste omgeving te behouden in zijn landschappelijke, natuurhistorische, waterhuishoudkundige, recreatieve en milieuhygiënische aspecten. Deze vereniging is een voortzetting van de Stichting 'Markerwaard van de kaart', welke was opgericht in Edam, in 1971, toen er onder de bevolking van Noord-Holland grote onrust ontstond over de plannen om in de door inpoldering te verkrijgen Markerwaard een tweede luchthaven aan te leggen.

De actiegroep van verontruste Noordhollanders richtte zijn bezwaren overigens niet meer alleen tegen de aanleg van een tweede internationale luchthaven, maar tegen de hele inpoldering die o.a. in snel tempo een sterk vervuild randmeer bij de Noordhollandse westkust zou doen ontstaan. De ervaringen met de snel vervuilde randmeren van de Flevopolders vormden de grond voor deze bewering.
De verandering van anti-Markerwaard-actiegroep tot grote IJsselmeervereniging achtte men noodzakelijk omdat bij de problematiek steeds het hele IJsselmeergebied moet worden betrokken.
De Vereniging tot Behoud van het IJsselmeer zetelt in Edam, Postbus 1.

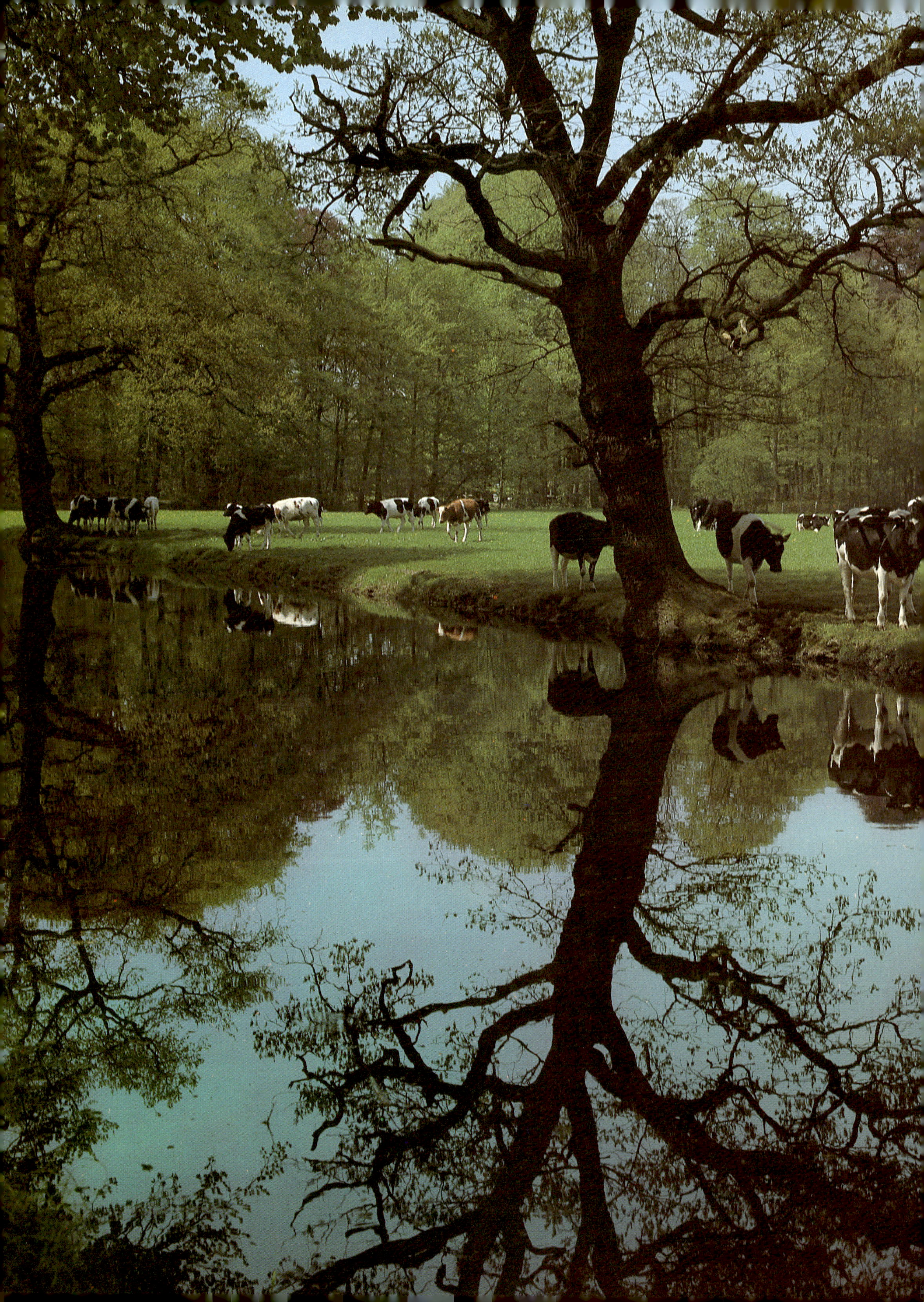

het gooi

de herder is verdwenen

Dagelijks denderen de treinen door Nederlands beroemdste natuurreservaat, het Naardermeer, en de vogels beginnen dat toch wel hinderlijk te vinden. Maar die spoorlijn loopt er al vele jaren en brengt en haalt duizenden thuis of naar het werk. Ook de snelweg heeft het aloude Gooi al lang ontsloten. En de woeste heidevelden met een eenzame herder zijn ingeschrompeld tot een terrein waar velen vertier zoeken. Toch zijn daar nog korhoenders en andere vogels en de parkbossen van de buitenplaatsen bieden een kijk op een tijd zonder radio en televisie en met alle rust om er te wandelen.

Voor me ligt een kaart van Het Gooi en zoals gebruikelijk zijn daarop kleuren toegepast om het soort gebied aan te geven. Er staat veel rossig-bruin op. Erg veel. Dat zijn de steden of woonkernen. Hilversum, Bussum, Huizen, Blaricum en Laren. Ze nemen meer ruimte in dan het groen of het roze, dat respectievelijk bos en hei moet voorstellen. En door dat groen en roze gekronkel van lijnen en strepen: wegen, paden, paadjes, wandelroutes, ruiterpaden, fietspaden, verharde wegen, asfaltwegen, verkeerswegen. De tussen de stedelijke bebouwing ingeklemde, onduidelijk gevormde overblijfselen van 'natuur' worden versnipperd door een onvoorstelbaar aantal wegen en paden in een ontwarbaar 'patroon'. Het lijkt complete chaos. Alleen in de hoek van de 's-Gravelandse buitens is er regelmaat in de rechthoekige kavels. Wat rustiger wordt de kaart aan de westkant, waar het Naardermeer als 'natuurreservaat' is aangeduid en de Ankeveense en Kortenhoefse plassen ook harmonischer lijken.

Als ik een beetje gewend ben aan het chaotische paden- en wegennet, bedenk ik, dat de eerste indruk misschien niet helemaal juist is. Misschien zijn de wegen wat nadrukkelijk op de kaart gezet om duidelijk te maken hoe men moet fietsen of rijden. En ik overweeg dat het zo kleine stukje groen van het Corversbos toch wel goed is voor een anderhalf, twee uur fijn wandelen in een

• Ondanks de grote bevolkingsdruk heeft Het Gooi op verscheidene plaatsen de stille hoekjes waar koeien en bomen zich spiegelen in het water. Toch is ook hier bij 's-Graveland iets te zien van moderne landbouwontwikkelingen. Er lopen veel meer koeien in de wei dan vroeger.

Een prachtig voor- • beeld van een Gooise buitenplaats: Trompenburgh, in 's-Graveland, als buitenhuis in de zeventiende eeuw gebouwd voor de admiraal Cornelis Tromp.

het gooi

het gooi

aantrekkelijk bos. En ook het Spanderswoud en de Westerheide zijn toch aardige gebieden. Ik neem dus maar aan, dat de wegen en paden niet op schaal zijn. Maar het geheel van de kaart natuurlijk wel en dan blijft de conclusie dat Het Gooi propvol zit met mensen en hun voorzieningen en dat er maar kleine stukjes versnipperde (en zeer druk bezochte) natuurgebieden over zijn. Zo kijkend naar die kaart kan ik me best voorstellen, dat mr. H.P. Gorter, oud-directeur van 'Natuurmonumenten', eens het schrikbeeld heeft geschetst van de aaneengeklitte agglomeratie Hilversum-Bussum-Naarden-Laren 'met een city op de centrale Gooise heide en uitlopers naar Huizen en Blaricum'. Hij had het toen over 'de gruwelstad Gooi' en zei ook: 'Het natuurschoon is een levensvoorwaarde voor de streek, een onmisbaar bestanddeel van zijn karakter. Alleen als de gemeentebesturen met volle overtuiging achter hun principes tot natuurbehoud blijven staan en zich daarvoor welbewust en in onderlinge samenwerking beperkingen opleggen, zal die Gruwelstad slechts een boze droom blijven...'

Zijn bespiegelingen waren niet zo verwonderlijk. De van oorsprong simpele heidedorpen in Het Gooi zijn uitgegroeid tot steden en lijken te blijven groeien. Op het ogenblik wonen er ruim tweehonderdduizend mensen. In het oosten liggen Blaricum, Laren en Hilversum al tegen de provinciegrens met Utrecht aan; in het westen is er alleen nog maar het veenweide- en plassengebied. De natuurbeschermingsorganisaties als Stichting Het Gooisch Natuurreservaat en 'Natuurmonumenten' hebben er de handen vol aan om wat nog aan snippers rest te behouden. Zelfs het beroemde, internationaal vermaarde natuurmonument (het eerste in Nederland) het Naardermeer wordt bedreigd: door spoorlijn-aanleg en vervuiling en ontwatering in de omringende gebieden.

de kei in Hilversum

In dat Gooi op zoek naar 'het groene Noord-Holland' en speurend naar het verleden om te zien hoe dat allemaal 'zo gekomen' is, zei iemand die me een handje wil helpen: 'Je moet beginnen met die steen aan de 's-Gravelandseweg in Hilversum. Die hebben ze in de jaren twintig gevonden bij graafwerk en die moet afkomstig zijn uit Scandinavië, hier gebracht door de gletsjers van de ijstijd. Dan zit je meteen mooi ver in de geschiedenis van de landschapsvorming. 't Was een aardige tip, maar zo zijn er natuurlijk meer punten te vinden, die te gebruiken zijn als 'kapstok'. De grafheuvels bijvoorbeeld op de Westerheide, of de archeologie-vondsten in musea als de Hilversumse 'Vaart'. Maar eigenlijk heb je dan al twee verhalen: die van het ontstaan van het landschap en die van de geschiedenis van de bewoning.

Laat ik toch maar bij die ijstijden beginnen. Want in en na die ijstijden is het landschap geboetseerd door de enorme krachten van voortglijdende ijsmassa's. Het is voor te stellen als een hand die drukkend op een tafellaken vooruit schuift. Er komen rimpels in het kleed. Zo stuwden de ijsmassa's de grond op die in ver daarvoor liggende tijden was gevormd door de naar zee stromende rivieren. Zand, grind en leem werden opgestuwd tot heuvels. Dat was een 200 000 jaar geleden, onvoorstelbaar ver weg. Aan het einde van die voorlaatste ijstijd, toen de gletsjers smolten, vormde smeltwater gleuven, smeltwaterdalen, in dat opgestuwde land. Het smeltwater sleepte de scherpste randen eraf, nam elders zand mee. In de laatste ijstijd, ook nog een 50 000 jaar geleden, daalde de temperatuur in onze streken weer, maar het ijspakket kwam hier niet meer. In het klimaat met hevige stormen verplaatste de wind enorme hoeveelheden

● Het landgoed Hilverbeek is één van de fraaie buitenplaatsen die het langgerekte dorp 's-Graveland bezit. Er is een grote afwisseling in bos, waterpartijen (vijvers), mooie lanen en weilanden. Bij die variatie zijn ook nog recreatieve voorzieningen geplaatst, zodat het gebied voor velen aantrekkelijk is. Het landgoed Hilverbeek is alleen toegankelijk voor leden van 'Natuur-
● monumenten'.

het gooi

De sperwer is een snelle jager, die zijn prooi (kleine vogels) met onverhoedse verschijningen verrast. De fraaie vogel vertoeft het hele jaar in Nederland en krijgt in de wintermaanden wel gezelschap van uit noordelijker streken afkomstige soortgenoten. Als broedvogel is de sperwer in ons land vrij zeldzaam. ●

zand en bedekte daarmee heuvels en dalen. Het Gooi bezit een klein stukje van die aloude stuwwallen die doorlopen naar het zuidoosten, er daar de Utrechtse Heuvelrug vormend en nog verderop de Veluwerand. Het geaccidenteerde karakter van het droge deel van Het Gooi zal iedereen kennen die er ooit gefietst heeft. En anders zal de kaart met de vele namen die eindigen op -berg die informatie nog kunnen geven.

de enken

Op de heidegronden ontwikkelde zich in de loop der eeuwen een bijzondere kringloopakkerbouw. De veelal kleine boeren hielden schapen, die overdag geweid werden op de heide, en die 's nachts op stal gehaald werden. Daar vonden ze een bodem van zand en heiplaggen, waarop de mest, na een dag vreten, werd gedeponeerd. De schapepoten vermengden mest met zand en heidetakjes. En dat mengsel dat in de loop van enkele maanden zo'n dikke laag kon worden dat de schapen een stuk hoger stonden, vormde de mest voor de akkers. Die akkers werden gemaakt op de heide, waar plaggen werden gestoken. De plaggen dienden voor de schapestal (potstal), maar ook als brandstof en als bouwmateriaal. Jaarlijks kwam er weer een laag mest uit de potstal op de akkers, zodat die in de loop der jaren ook hoger kwamen te liggen. Die oude akkers, de enken, zijn aan die hogere ligging, en de vaak bolle vorm, te herkennen. De schapen hielden de heide kort. Bomen en grassen kregen geen kans de hei te overwoekeren. Eeuwenlang heeft dit landbouwsysteem zich gehandhaafd. Pas rond 1900 kwam daar verandering in door het beschikbaar komen van kunstmest. Waar te veel schapen werden gehouden, te vaak was geplagd of gebrand, en het schrale

● Het Spanderswoud is één van de fraaie boscomplexen die Het Gooi rijk is. Een deel van dit bos is eigendom van 'Natuurmonumenten'. Dat deel is alleen toegankelijk voor leden van deze natuurbeschermingsorganisatie.

● Met hun wit doorschijnende karakter doen deze paddestoelen zó denken aan porselein, dat ze porseleinzwam zijn gaan heten. Men vindt ze vooral op het hout van beuken, waar ze al tegen het einde van de zomer in groepjes te voorschijn kunnen komen.

het gooi

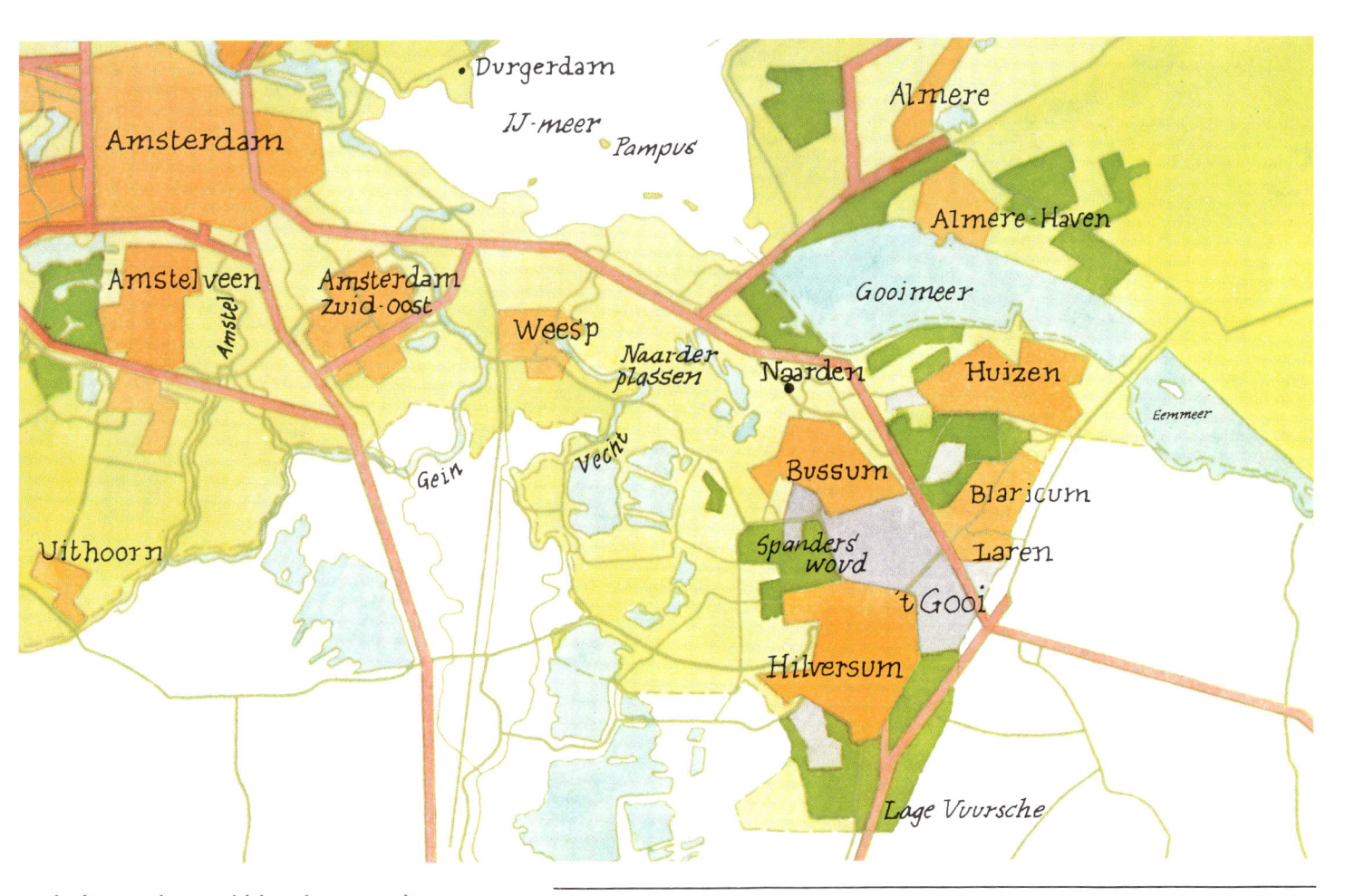

onderliggende zand bloot kwam te liggen konden zandverstuivingen ontstaan. De wind blies het losliggende, niet meer door plantendek vastgehouden zand weg, overdekte andere planten, die daardoor ook afstierven, waardoor zand bloot kwam, enzovoort, enzovoort. De zandverstuivingen betekenden een ernstige bedreiging voor akkers en dorpen.

brinkdorpen

De landbouwers vestigden zich vooral op plaatsen waar water bij de hand was, en bleven bij elkaar wonen. Uit die eerste nederzettingen ontstonden de typische brinkdorpen: boerderijen geschaard rond een centrale, vaak met bomen beplante en van een brandvijver voorziene open ruimte. In enkele Gooise dorpen is die brink nog terug te vinden. Het mooist nog in Laren. Ook de lage gronden achter de zandheuvels, langs de Vecht werden op den duur gebruikt. Hier weidde men vooral het grotere vee, of haalde men hooi. Deze weiden waren, net als de heidevelden gemeenschappelijk in gebruik. De grond was eigendom van graven of bisschoppen, maar mocht worden gebruikt door de boeren. Maar daarmee ben ik al een eind verder in de geschiedenis, die

'gooisch natuurreservaat'

Een groot deel van de natuurgebieden in Het Gooi is in handen van de Stichting Het Gooisch Natuurreservaat en die heeft daar inderdaad de handen vol aan. De ruim 1900 hectaren van de stichting liggen in de zes Gooise gemeenten, die bij elkaar een 200 000 mensen herbergen.
In de jaren voor de Tweede Wereldoorlog heeft men hard gewerkt aan de opbouw van een goed natuurbeheer, maar in die oorlog is er veel vernield en gekapt. Na de oorlog moest er niet alleen veel hersteld worden, maar veranderde ook de bestemming van het gebied. Want het werd meer recreatiegebied dan natuurreservaat. Men

heeft het beleid daaraan aangepast in die zin, dat men probeert de recreatie zo weinig mogelijk schade te laten aanrichten. Dat gebeurt o.a. door het organiseren van excursies, wandelingen-met-de boswachter, de aanleg van dagcampings, ontsluitingspaden enz. In een boekje met wandelroutes uit 1972 zegt de Stichting dat men zo probeert 'het reservaat, dat toch ten algemenen nutte is, een functie te geven, die niet alleen het behoud van landschap, flora en fauna nastreeft, maar ook deze zaken onder de belangstelling van het publiek brengt.'

het gooi

Een vrijwel verdwenen ambacht: hoefsmid. Met de mechanisering in de landbouw verdwenen veel paarden uit het boerenbedrijf en daarmee ook de hoefsmeden uit de dorpen. Met de opkomst van de ruitersport is er wel weer brood te verdienen met het beslaan van paardehoeven, maar tegenwoordig reizen de hoefsmeden dan rond in een grote auto vol materiaal en gereedschap.

zelfs al 'vaderlandse geschiedenis' wordt, want dan ben ik al in de dertiende eeuw. Verder naar het Westen lagen de moerassen, die lange tijd door hun ontoegankelijkheid ongerept bleven. Maar hier en daar had men al ontdekt, dat gedroogde veengrond goede brandstof was en voor eigen gebruik hadden de boeren al wat turf gestoken. Maar de vervening, het turfgraven, kwam pas goed op gang in de middeleeuwen. Geactiveerd door kloosterlingen werd aanvankelijk na afwatering met sloten en greppels, vooral de bovenlaag van het veen afgegraven. Toen er echter steeds meer vraag kwam naar deze brandstof, vooral vanuit het nabijgelegen Amsterdam, is men intensiever veen gaan graven. Het werd ook echt graafwerk, want men baggerde het veen in rechte stukken weg, legde de natte veenblubber op de wal, waar het na droging verwerkt kon worden tot turf. Op de lange duur ontstonden brede rechte sloten, de trekgaten, afgewisseld met de even lange, rechte, vaak smalle stroken land, de legakkers. Waar men al te begerig de strook land zo smal als maar mogelijk was had afgegraven konden deze bij storm en daardoor bewerkte hoge golfslag worden weggeslagen, waardoor het trekgat een plas werd. Daar kon de golfslag bij een volgende storm nog zwaarder worden, zodat ook andere legakkers in de golven verdwenen en er grote plassen verschenen. Zo ontstonden de grote veenplassen, de Vechtplassen, waarvan de grootste in het nabijgelegen Utrecht liggen.

's-graveland en zijn buitenplaatsen

Zowel op de hogere zandgronden als in de lagere veengebieden heeft de mens dus zijn sporen getrokken. Op het zand met de kleinschalige, en over lange tijd gespreide veranderingen, in het veen met de 'ontginning', later overgaande in turfwinning, waardoor aanvankelijk gewonnen cultuurland weer verdween en boeren eigenlijk alleen nog maar rietsnijder of visser konden worden. Wel heeft men geprobeerd, in veel latere tijden, hier plassen droog te maken. De droogmakerijen leverden in de 16de eeuw laaggelegen polders op met vooral weiland. Het Vechtplassengebied leverde minder winst op. Er bleken te weinig goede gronden te voorschijn te komen. Ook ondervond men nogal hinder van toch steeds weer naar boven komend water (kwel). Toch is er ook hier een droogmakerij gerealiseerd. In 1882 kwam de Horstermeer, bij Kortenhoef, als

het gooi

De boeren in Het Gooi vertonen zich niet meer in kuitbroek. Het beeld van 'vroeger' wordt bewaard in een enkele gevelsteen. •

• Het Muiderslot, gebouwd op do plaats waar de Vecht in de toenmalige Zuiderzee uitkwam, heeft behalve een siertuin ook een mooie kruidentuin, waar meer dan tweeduizend kruiden te zien zijn.

polder droog te liggen. Door het aanleggen van dijken (kaden) en afwateringskanalen werd tussen de ontstane meren con bruikbaar weidegebied gerealiseerd. Een heuvelachtig zandgebied met uitgestrekte heidevelden, een veengebied met plassen en polders... beide ontstaan door de activiteiten van de mens. Maar tussen zand en veen ligt een rechthoekig stuk Gooi, dat evenzeer de hand van de mens verraadt: 's-Graveland en zijn buitenplaatsen. De totstandkoming daarvan is ook een boeiend brok geschiedenis. Want het was een 'invasie'. Het land was al vele eeuwen in gebruik bij de boeren en hun gebruiksrechten gingen door vererving over op hun nakomelingen. De boeren waren 'Erfgooiers', die de heide, de bossen, de lage graslanden, gemeenschappelijk mochten gebruiken, ook al berustte het eigendom bij de Hollandse graven. Toen dus in het begin van de zeventiende eeuw enkele rijke Amsterdammers een deel van Het Gooi wilden kopen, om het te ontginnen, kwamen de Erfgooiers in opstand. Pas vele jaren later kon een regeling worden getroffen, waarbij een deel van het gebied ten zuiden van het huidige 's-Graveland aan de Gooiers werd toegewezen en een ander deel, toch, aan de Amsterdammers.

Die begonnen aan een ontginning, waarbij veel zand werd afgegraven dat naar Amsterdam werd vervoerd om te dienen bij de stadsuitbreiding. Op hct goeddeels ontzande gebied bouwden de Amsterdamse regenten hun buitenplaatsen. Naast elkaar liggend kwam een rij statige, deftige 'tweede huizen' tot stand met daarachter fraai aangelegde parken.

de erfgooiers

In 1836 besloot de staat de domeingronden in Het Gooi tot een oppervlakte van 3600 ha af te staan aan de gebruikers, de Erfgooiers. In de loop van de daarop volgende jaren konden die, door ontginning van bos en hei, hun bezit steeds verder uitbreiden. Rond de dorpen kwamen steeds meer akkers te liggen. Belangrijk was echter dat een voldoende grote oppervlakte heide aanwezig bleef. Daar immers moesten de schapen worden geweid, die de zo broodnodige mest moesten leveren voor de akkers.
Aan het einde van de vorige eeuw begon dat allemaal te veranderen. De Erfgooiers, die zich inmiddels hadden verenigd in de Vereniging Stad en Lande, zagen steeds meer 'import' komen. De ingebruikneming

het gooi

van de spoorlijn Amsterdam–Amersfoort in 1874 betekende een mogelijkheid voor zakenlieden om buiten hun werkstad Amsterdam te gaan wonen. Het aantal inwoners nam toe. Rond de eeuwwisseling was de bevolking al uitgebreid tot 40 000 mensen. Veel boeren konden delen van oude akkers verkopen aan mensen die genoeg geld hadden om op die grond een riante villa te bouwen. Langzaam maar zeker veranderden karakter en structuur van de oude es- of brinkdorpen Hilversum, Laren, Blaricum en Bussum. Met de toename van de bevolking ontwikkelden zich ook nijverheid en industrie, waarvan sommige nog gebaseerd waren op de aloude schapenhouderij.
De landbouw boette steeds meer aan betekenis in en de vereniging 'Stad en Lande van Gooiland' verkocht steeds meer grond. Een deel van die grond kwam ook terecht bij een door de gemeenten Amsterdam, Hilversum en Bussum en rijk en provincie gevormde stichting, het Goois Natuurreservaat. Een kleine veertig jaar na deze overdracht, werd de vereniging Stad en Lande opgeheven. Toen was het inmiddels 1971 en woonden er meer dan 200 000 mensen in Het Gooi. Omdat er nog wel meer mensen willen wonen is er een constante woningnood. Om de overgebleven stukjes natuur te behouden moet men bouwen in de nieuwe IJsselmeerpolders.
En daarmee ben ik terug bij mijn kaart vol bruine vlekken van de stedelijke bebouwing en vol rode en bruine lijnen van wegen en paden. Het Gooi zit vol.

'ouderwets' heidebeheer

Toch zijn er in dat Gooi mogelijkheden om er wandelend ontdekkingen te doen in planten- en dierenwereld. De hei is niet meer overal aanwezig. Op verscheidene plaatsen is bos aangeplant, en daar dit vooral gebeurde om veel gevraagd hout te kweken staan daar vooral de ook op zandgrond redelijk snel groeiende soorten als grove den en Corsicaanse den. En al vinden 'kenners' hier dan weinig variatie in ondergroei, de bossen vormen nu toch landschappelijk een aantrekkelijk element in het geheel van heidevelden, akkers, weilanden en plassen. De aangeplante bossen als herbebossing van 'woeste gronden' zijn niet overal dezelfde. De produktiebossen met naaldbomen verschillen hemelsbreed van de parkbossen van de 's-Gravelandse buitenplaatsen. Niet alleen in aanzien, in sfeer, maar ook in de bevolking met vogels en zoogdieren. Die vinden in een gevarieerd bos meer voedsel- en nestelgelegenheden dan in een monotoon dennenbos.

• Houtduiven zijn allang niet meer de oorspronkelijke bosvogels. Ook in de stad komen ze tegenwoordig veel en er zijn zelfs nesten gevonden op flatbalkons. Met zijn voorliefde voor graan wordt de vogel schadelijk geacht voor de landbouw en wordt hij intensief bejaagd. Toch is het aantal houtduiven sterk toegenomen.

• In het voorjaar tooien de beuken zich met een heel zacht lichtgroen van de jonge blaadjes. Een laan, zoals hier die van de weg naar Valkeveen, krijgt dan een heel aparte sfeer.

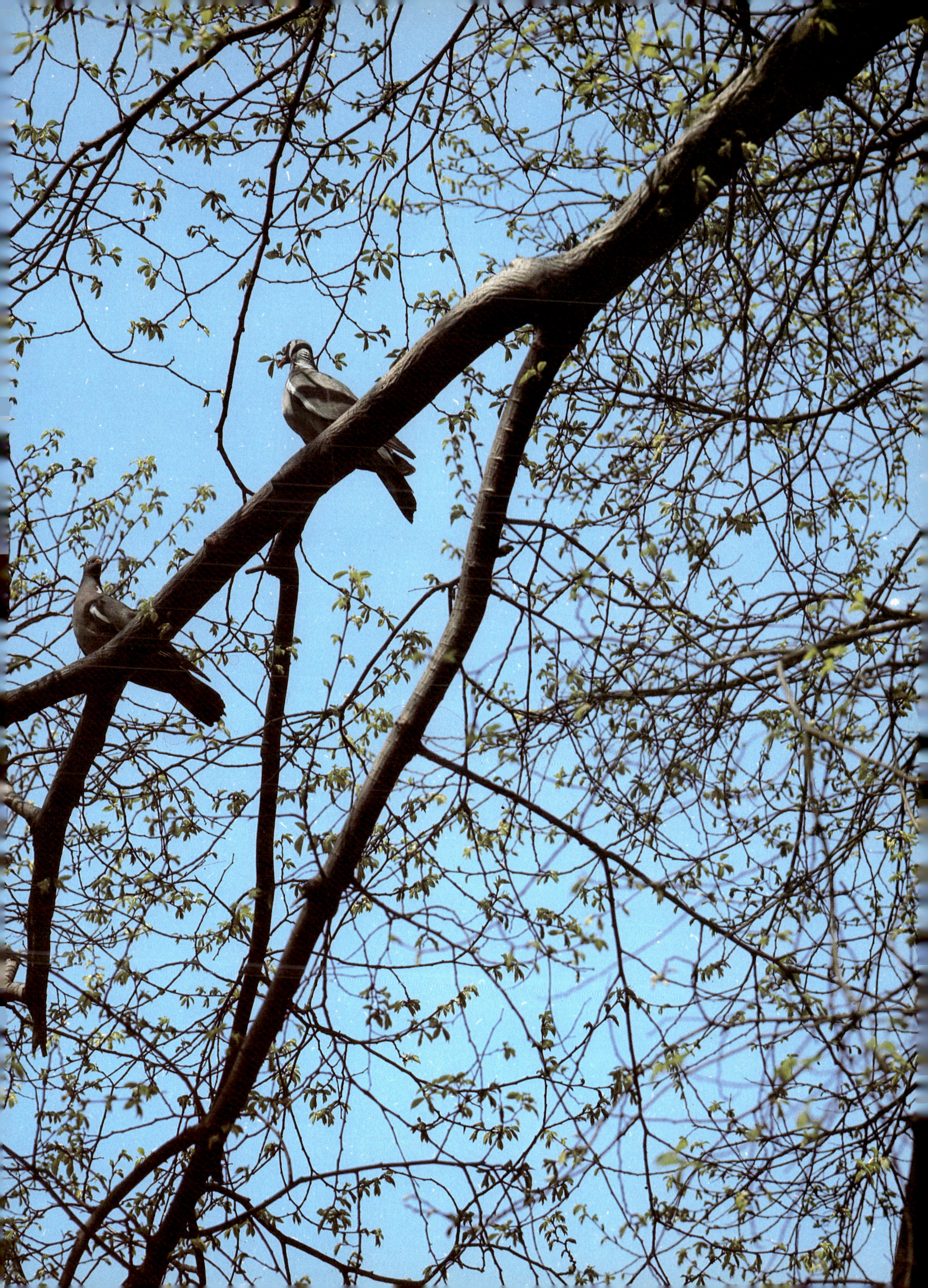

het gooi

Hoewel Het Gooi vooral een zandgebied is, met enkele in de IJstijd opgestuwde heuvels, zijn er ook laaglanddelen met waterpartijen te vinden, zoals hier tussen Huizen en Valkeveen.

De bossen zie je vaak als donkere randen, wanneer je de hei op gaat. De grootste oppervlakte ligt tussen Bussum, Laren en Hilversum. Op deze hei staat vooral struikheide, een droge heidesoort, met hier en daar brem. Soms kan de heide een andere kleur hebben dan de ideale-augustus-kleur paars. Want waar de grassoort bochtige smele binnendringt of pijpestrootje kan de hei vergelen. Ook de opslag van berken en dennen doet de heide van aanzien veranderen.

Dat is een natuurlijk proces. Waar de mens niet ingrijpt ontwikkelt de heide zich weer tot dat stuk natuur waaruit het ontstaan is: bos. De heide, nu wel door ons 'natuur' genoemd, is eigenlijk een cultuur-landschap. Het is immers ontstaan en in stand gehouden door de schapenhouderij. De voor de levering van akkermest onmisbare schapen hielden de heide vrij van opslag van boompjes en grassen. Zodra de schapen verdwijnen krijgt en grijpt de natuur haar kansen.

De invoering van de kunstmest, rond de eeuwwisseling, maakte de schapen overbodig en stelde de boeren zelfs in staat meer akkers op de hei te maken dan vroeger, in verband met het aantal aanwezige schapen, mogelijk was. De oppervlakte heide werd dus kleiner en de overgebleven heide veranderde in bos. Er bleven nog wel schapen op de heide grazen, maar van de duizenden die hier in de vorige eeuw de heide open hielden, waren er in 1910 nog maar zeventig over. De Stichting Goois Natuurreservaat, die in 1932 werd opgericht, vond het een beheerstaak de heide weer te laten beweiden, maar de exploitatie was onvoldoende. De kudde verdween. In 1954 verschenen er opnieuw schapen op de Gooise heide, maar ook deze konden het niet bolwerken. In 1964 werd ook deze kudde opgeheven. Daar het houden van schapen, naast maaien en branden, een belangrijke factor is voor het 'ouderwets' heidebeheer, overweegt men echter toch weer een schaapskudde samen te stellen.

Hier en daar vindt men ook een (kleine) zandverstuiving. Ooit groot en gevaarlijk door het stuivende, alles overdekkende zand, zijn die nu getemd. Een zandverstuiving is een heel apart natuurgebeuren. Het is een leefwereld voor (toch nog) bijzondere planten en diertjes. Daarom houdt men tegenwoordig een zandverstuiving graag intact. Want ook een zandverstuiving kan, op den duur, dichtgroeien. In de hei liggen ook enkele vennen, die ontstaan zijn doordat een harde laag in de ondergrond, de 'oerbank',

het gooi

• Hoewel met zijn helder witte en glanzende verschijning een fraaie paddestoel is de porseleinzwam bij bosbeheerders geen graag geziene gast. Want de porseleinzwam is een parasiet. Hij teert op de levensstoffen van een boom en kan die daardoor verzwakken en doden. De porseleinzwam dringt de bodem binnen via scheuren of plaatsen waar takken zijn afgebroken. Deze paddestoel heeft een voorkeur voor beuken.

• In niet te diepe voedselrijke sloten kan men (soms) nog de inmiddels wettelijk beschermde zwanebloem aantreffen. De plant bloeit tussen juni en september met schermen van rose bloemen, die aandacht trekken van insekten als dit koolwitje.

het water niet liet wegzakken. Eertijds werden de grote vennen door de boeren gebruikt om de schapen vóór het scheren te wassen. De dieren werden stuk voor stuk bij de poten gepakt en schoongespoeld in het ven. In de namen wordt aan die functie herinnerd: Hilversums Wasmeer en Laarder Wasmeer. Om het Hilversums Wasmeer loopt een wandelroute maar men wandelt dan aan de rand van het bos. Het ven ligt in een groot boscomplex. Kokmeeuwen hebben dit gebied uitgekozen als broedterrein. Er huist een stevige broedkolonie.
Dat is op zichzelf een spectaculair gezicht (er zijn speciale excursies) maar natuurkenners maken zich er een beetje bezorgd over. Want al die kokmeeuwen poepen ook in het meer. Dat wordt daardoor vruchtbaarder, voedselrijker. En daardoor verschijnen er andere planten dan weleer.
De oorspronkelijke, aan voedselarmoede gebonden plantenwereld verliest zijn verscheidenheid.
Niet alleen op natuurlijke wijze, door dichtgroeien van heide of bemesten door vogels, kunnen stukjes natuur veranderen. Ook menselijke activiteiten als verkeer en recreatie kunnen levensomstandigheden voor dier en plant ongunstig wijzigen. Om te voorkomen dat er nog meer verandert is hier en daar zelfs een terreindeel afgesloten. Het Laarder Wasmeer bijvoorbeeld is van zo'n groot belang voor vogels, dat men de vogels alleen wil laten.
Ook op de heide is een deel afgesloten voor wandelaars. Dat wordt op de kaart en met bordjes in het terrein aangeduid als 'vogelreservaat'. Men hoopt hier een gunstige leefwereld te kunnen scheppen voor met name de korhoenders. Dat is een

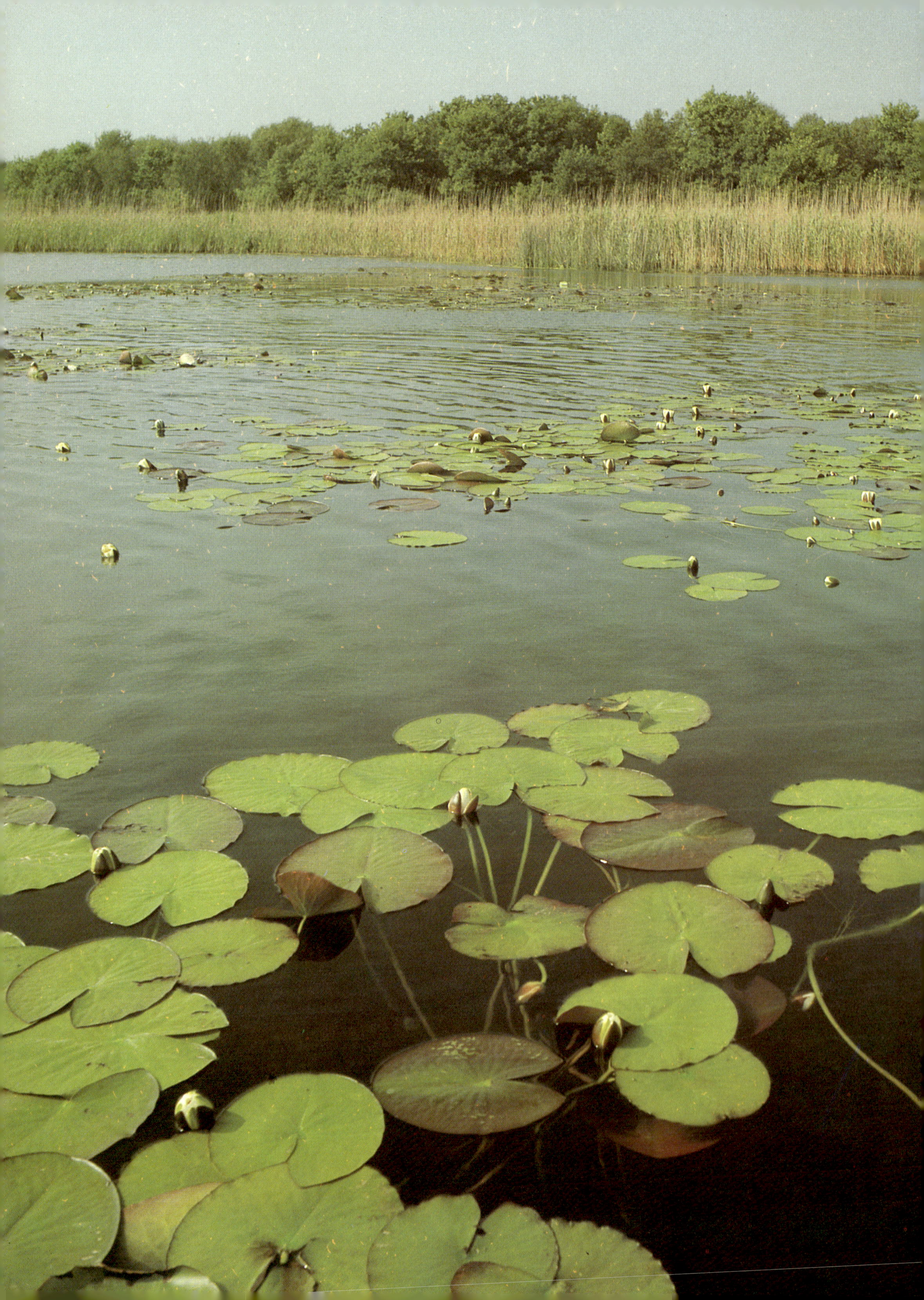

het gooi

• Het Naardermeer is het oudste 'Natuurmonument' van ons land. Met het veiligstellen van dit natuurlijke meer met zijn grote rijkdom aan vogelsoorten begon de geschiedenis van de Vereniging tot Behoud van Natuurmonumenten in Nederland (1906). Eén van de waterplanten in het meer is de waterlelie, die op lange stelen zijn ronde bladeren naar het wateroppervlak brengt. Rechts: het jonge blad van de gele lis. •

typische heidevogel, die graag wat vochtige heide, een bosrand en wat berken tot zijn beschikking heeft.
In de landelijke stand van het korhoen zijn nogal wat schommelingen geweest, maar tot de jaren zestig van deze eeuw hadden we toch nog een zesduizend exemplaren. Daarvan moeten er ook enige op de Gooise heide zijn geweest. Na de jaren zestig is dit aantal sterk teruggelopen. In 1978 waren er in heel Nederland nog maar een vijfhonderd korhoenders over. Daarvan lopen er een paar op de Gooise heide, in het vogelreservaat.
Zoogdieren zijn er, in het zo gevarieerde geheel van bos en hei en wei, in Het Gooi natuurlijk ook. Alleen heeft de druk van de toegenomen bevolking en de recreatie vele daarvan onzichtbaar gemaakt. Ze zijn schuw geworden en komen vaak alleen 's nachts voorzichtig uit de veilige dekking. Reeën zijn er, maar het is moeilijk die te zien te krijgen. Het gemakkelijkst en het vaakst ziet men konijn en haas, en soms een eekhoorn.
Met de vogels is het allemaal wat uitbundiger. De grote variatie aan landschapsonderdelen maakt Het Gooi, ondanks alle verstedelijking, interessant voor diverse vogelsoorten en dus voor vogelkenners. Vooral de landgoederen met gemengde bossen, waterpartijen en open landerijen bieden huisvesting en leefomgeving voor vele soorten vogels. Het is niet zo moeilijk om dat zelf te constateren. Wie goed kan luisteren kan in zo'n buitenplaats-parkbos in het voorjaar zelf horen hoeveel verschillende liedjes er worden geproduceerd.
Zelfs de niet-kenner zal willen geloven, dat aan de oevers van het Gooimeer andere vogels voorkomen dan in het bos. En langs die kust heeft men inderdaad verscheidene andere soorten geteld. Soorten als roerdomp, krakeend en wintertaling.

het beroemdste onderdeel van het gooi

En als je bij dat soort vogels terechtkomt en ze roemt als de avifauna van Het Gooi dan kom je automatisch terecht bij misschien wel het beroemdste onderdeel van dat Gooi, het Naardermeer. Als natuurreservaat bijna even groot als Bussum vormt het in de drukke volle Randstad een ongelooflijk mooi stilte- en rustgebied, ondanks de trein die er dagelijks vele keren doorheen snelt.
Het Naardermeer... Het eerste 'natuurmonument' van Nederland. In het begin van deze eeuw zag het stadsbestuur van

het gooi

Net als ganzen • vliegen ook aalscholvers vaak in een V-vorm met soortgenoten naar en van voedsel- en broedgebied. Het Naardermeer huisvest een broedkolonie, het IJsselmeer levert volop voedsel, dat uit vis bestaat. Door dat eenzijdige menu hebben vissers niet veel met ze op. Hij eet per dag vele kilo's vis, die hij bij soms langdurige duiktochten vangt.

Amsterdam dat nog niet zo zitten en toen men naar ruimte zocht om het stadsvuil te deponeren kwam er iemand op het idee daarvoor dan dat Naardermeer maar te gebruiken. Dat was groot genoeg en daar zou je jaren kunnen storten.
Er waren toen echter ook al natuurvrienden, die het Naardermeer kenden als een gebied met een grote natuurhistorische rijkdom. Toen die van de demping-met-huisvuilplannen hoorden vormden ze een actiegroep, die fel protesteerde. Het voorstel van B. en W. van Amsterdam werd verworpen en direct daarna namen de natuurbeschermers stappen. Op initiatief van de Nederlandsche Natuurhistorische Vereeniging werd in 1905 opgericht de Vereniging tot behoud van natuurmonumenten in Nederland. Deze zou moeten proberen zelf het Naardermeer aan te kopen om het aldus in zijn natuurlijke staat te behouden. Via een obligatielening kwam ƒ 160 000,- bijeen en kon het meer worden gekocht.
Het Naardermeer, een natuurlijk meer in tegenstelling tot de door menselijke graafactiviteiten ontstane zuidelijker gelegen meren, had in vroegere tijden trouwens ook al de aandacht gekregen van mensen die van het Naardermeer, net als van Beemster-, Schermer- en Haarlemmermeer, een welvarende landbouwpolder wilden maken. Dat gebeurde al in 1629, maar om die als verdedigingslinie te laten dienen tegen de Spanjaarden werd er maar weer water in gelaten. Eind vorige eeuw werd een nieuwe poging ondernomen, maar de kwel was zodanig, dat de gemalen langdurig en veel moesten werken. Daardoor werden de kosten zo hoog dat de polder niet rendabel was te maken. En weer verdween het land onder water. Nu voorgoed. De natuur kon haar gang weer gaan en vormde een weelderige begroeiing langs de rechte sloten, terwijl de plas, met zijn onderdelen van Grote Meer, Kleine Meer en Bovenste Blik langzaam weer een evenwicht vond.

varen

Om zo'n geweldig natuurgebied te bekijken moet je er varen. Gelukkig is 'gewoon varen' er niet mogelijk. Alleen in groepsverband kun je er rondgevaren worden en soms, als lid van Natuurmonumenten, is dat roeien. Dat is dan de enige boot op het wijde meer, dat eigenlijk onderdeel is van het geheel van open water, oeverlanden, rietvelden, moerassen, bosjes. Daar varend onderga je,

het gooi

De nestplaatsen van aalscholvers zijn ook snel te herkennen door de 'witte bomen'. De uitwerpselen van de vogels zijn zo scherp, dat bomen, als ze er te veel van krijgen, doodgaan. Hoewel een goede zwemmer en duiker heeft de aalscholver geen beschermende olielaag op zijn veren. Daarom staan de vogels vaak met de vleugels breeduit om de veren te laten drogen.

• Wanneer een aalscholver jongen heeft, verzamelt hij in zijn voedselgebied een hoeveelheid vis in de krop en vliegt met volle krop terug naar het nest. De jongen krijgen het voedsel door hun snavel in de geopende bek van het ouderdier te steken.

Volgende pagina: een uniek stemmingsbeeld: een vogelzwerm boven Amsterdam.

weer eens, de sensatie van een immens stil stuk natuur te midden van intensief bewoonde, gebruikte, bereden stukken Gooi. Het water is helder, de drijvende planten wijken even, het riet buigt in een zachte wind, vogels zingen of vliegen over. Op zo'n vaartocht hoor je vertellen over al de plantengroei van waterlelie, gele plomp, fonteinkruid, veenwortel, mattenbies en lisdodde en de pogingen van de oeverplanten steeds verder het water in te gaan en zodoende van water weer land te maken. Een dag varen doe je tientallen namen noteren van planten, die je in het water en aan de oevers ziet en waarover je hoort vertellen als zijnde aanwezig in de natuurlijke moerasbossen. En daar kunnen dan ook nog de namen bij van vele vogels. Vooral als vogelgebied is het Naardermeer vermaard. En dan in het bijzonder als broedgebied voor grote aantallen lepelaars en aalscholvers. Die aalscholvers zie je in het broedseizoen ook regelmatig in groepen overvliegen als je van Bussum naar Amsterdam rijdt, of omgekeerd. Die grote, zwarte vogels zoeken hun voedsel, en dat voor hun jongen, op het IJsselmeer. (En soms in de viskweekvijvers in Flevoland...)
Als grootte al spectaculair is dan heeft het Naardermeer nog enkele soorten: de purperreiger broedt er ook, evenals de blauwe reiger, en de knobbelzwaan. Indrukwekkend is het als je een kiekendief boven de rietzoom ziet zweven of een visdiefje naar prooi in het water ziet duiken. Ook de lijst met vogelnamen kan lang worden. Er zijn de vogels van het rietland, en er zijn de vogels van het open water, de eenden. Het is, zo ervaart menigeen, een grote weelde.
Binnen het natuurreservaat Naardermeer broeden geregeld een 83 soorten vogels, terwijl een tiental er onregelmatig broedt. Als doortrekkers, wintergasten of dwaalgasten werden ook nog eens ruim honderd soorten waargenomen. Het is dus terecht, dat het Naardermeer internationaal beroemd is. Om het zijn waarde te laten behouden moeten de beheerders wel eens ingrijpen. Of liever regelmatig. Want als de mens niets doet, veroveren de planten langzaam maar zeer zeker het water, dan groeit het open water dicht en ontstaat ten langen leste een moerasbos. Behalve activiteiten als visserij en rietsnijden als oude beheersvormen is ook een eendenkooi een menselijk aspect. Maar ook die wordt beschouwd als een positieve bijdrage in het behoud van de rijkdom van het Naardermeer.

het gooi

noord-holland

op stap in het groen

De Eilander, Westfries, Zaankanter, Amsterdammer en Hilversummer zijn allemaal Noordhollanders. Net als zij van karakter verschillen, verschilt het karakter van het Noordhollands landschap.
De duinen en stranden, de polders en dijken en de grote steden hebben hun eigen 'op stap' mogelijkheden. Stralend zomerweer, een bewolkte lucht of regen bepalen vaak de keuze.
De vijf kaartjes met symbolen en de beknopte plaatsbeschrijvingen zijn bedoeld als hulp bij het plannen maken voor een dagje uit.

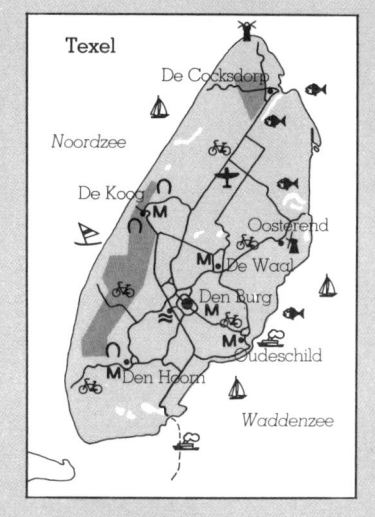

legenda

- molen
- landhuis
- kerk
- watersportcentrum
- vuurtoren
- wandelroute
- wandelgebied
- kasteel
- zwembad
- recreatiecentrum
- fietsroute
- eendenkooi
- veerdienst
- park
- hertenkamp/dierentuin
- visgelegenheid
- museum
- vliegtochten
- surfgebied
- radiotelescoop
- boerderij
- klokkestoel
- paardrijden

Ieder uur vertrekt een boot van de TESO (Texels Eigen Stoomboot Onderneming) naar het eiland Texel (ca. 24 km breed en 9 km lang). In de loop van de eeuwen zijn grote delen van het eiland overstroomd en heeft het eiland een andere vorm gekregen. De duinen beschermde men door het plaatsen van rietschermen en het planten van helm. Tussen de hoger gelegen gronden werden dammen aangelegd en andere gebieden werden bedijkt. Aanvankelijk waren de dijken niet erg hoog zodat de zee toch nog kans zag binnen te stromen. De huidige plassen (walen) zijn hiervan overblijfselen. Later zijn hogere dijken aangelegd en is een groot grondgebied ontstaan waar nu landbouw (granen, bieten en aardappelen), veeteelt en bloembollenteelt worden beoefend. Op de zuivelfabriek De Eendracht wordt de totale melkopbrengst van het eiland verwerkt tot Goudse kazen en 'de echte Texelaar'.

De vissersvloot bestaat uit ruim dertig Noordzeekotters. Er wordt gevist op tong, schol en kabeljauw.
Opmerkelijk zijn de 'tuunwallen' (tuinwallen) die de verschillende percelen scheiden. Rond de Hoge Berg en Den Hoorn zijn de oorspronkelijke wallen, die bestaan uit zand en graszoden, nog te zien. De schapen schuilen vaak tegen de wallen (de schapenboeten dienen als opslagplaats).
Het aantal vakantiegangers neemt elk jaar toe. Het eiland is vooral geliefd bij kampeerders.

Het verdient aanbeveling een bezoek aan het eiland te beginnen bij het Natuur Recreatie Centrum (ten zuiden van De Koog). Hier geeft men uitgebreide informatie over de natuur, excursies en wandelmogelijkheden. In de expositieruimte wordt de ontstaansgeschiedenis van Texel uit de doeken gedaan en zijn dieren die in de zee en op het land leven te zien. In het zeehondenopvangcentrum worden zieke en jonge zeehonden verzorgd.

De Boswachterij Texel (3344 ha) bestaat uit duinterreinen en voornamelijk naaldbossen (475 ha). Er zijn overal wandelroutes gemarkeerd en dagrecreatieterreintjes en uitkijkposten aangelegd. Door de bossen loopt ook een blindennatuurpad.

Enkele natuurreservaten zijn beperkt opengesteld en in het broedseizoen alleen onder leiding te bezoeken.
De Slufter is een zeer bijzonder gebied. Een dijkdoorbraak deed dit door kreken doorsneden terrein ontstaan, dat nog steeds in open verbinding met de zee staat.
In de gras- en rietlanden broeden en verblijven veel vogels. Bepaalde gedeelten zijn beschermd gebied en niet toegankelijk. Dit zelfde geldt voor de buitendijkse schorren.

Den Burg (VVV) is de hoofdplaats. Elke maandagmorgen is er op de Groeneplaats markt waar in de zomer lammeren worden verkocht. Vroeger wisselden alle lammeren van het eiland hier van eigenaar, tegenwoordig vindt de koop bijna uitsluitend op het land plaats.
Op de eerste maandag in september wordt de Schaapfokveedag gehouden. In de Oudheidkamer zijn o.a. gebruiksvoorwerpen en oude prenten te zien.

In **Den Hoorn** woonden vroeger veel loodsen. In het Scheepvaartmuseum (in een voormalig kerkje) zijn schilderijen en scheepsmodellen te zien.

texel/breezand

het texels schaap

Het schaap, een van de oudste huisdieren, wordt behalve voor het vlees ook gefokt voor wol of melk.
De 30 000 schapen op Texel zijn nakomelingen van oud-Texelse schapen en Engelse rammen. Het Texelse schapenstamboek is wereldberoemd en elk jaar worden er een aantal stamboekschapen en duizenden lammeren geëxporteerd (met name naar Frankrijk).
De schapen zijn gehard en blijven zelfs tijdens een strenge winter buiten. De lammeren groeien snel en wegen na een half jaar al ca. 55 kg.
Het vlees van het Texels schaap bevat in verhouding weinig vet en bovendien geven de schapen veel wol (op eenjarige leeftijd ca. 5,5 kg).
De vraag naar schapekaas heeft ertoe geleid dat er nu ook melkinrichtingen op Texel zijn.

Oudeschild waar vroeger de veerboot aankwam is een vissershaven. Men kan van hieruit een boottocht maken over de Waddenzee waar op garnalen zal worden gevist. Oudeschild heeft ook een jachthaven.
Het Maritiem Museum (ondergebracht in een wierschuur en twee graanschuren) wordt ook wel Juttersmuseum genoemd omdat de meeste van de tentoongestelde voorwerpen afkomstig zijn van strandjutters. Er is een kleine expositie ingericht over de opstand van de Georgiërs die hier in de Tweede Wereldoorlog verbleven.

De Koog ligt vlak bij zee en was een vissersdorp. Nu is het de voornaamste badplaats met veel hotels, pensions en kampeerterreinen.

In **De Waal** staat het Agrarisch Museum waar allerlei wagens, werktuigen en gereedschappen uit het boerenbedrijf staan.

Oosterend bezit nauwe straatjes en het oudste kerkje van Texel.

Tussen **De Cocksdorp** en het strand liggen kampeer- en bungalowterreinen.

De meeste dorpjes hebben in de zomermaanden wekelijks een feest-, rommel- of folkloristische markt.

De havenstad **Den Helder** (VVV) maakte een enorme bloei door nadat het Noordhollands Kanaal in 1824 was gereedgekomen. Het kanaal met een lengte van 80 km kon in drie dagen per schip (met jaagpaarden) worden afgevaren. Maar toen in 1876 het Noordzeekanaal (lengte 24 km) werd geopend, verplaatste het havengebeuren zich bijna geheel naar Amsterdam, dat nu een veel betere verbinding had met de zee.
De marinebasis bleef in Den Helder en in juli, tijdens de nationale vlootdagen, is de marinehaven opengesteld voor publiek en kan men een kijkje nemen bij de onderzeebootjagers, vliegtuigen, fregatten en mijnenvegers. In het Marinemuseum Het Torentje staan scheepsmodellen, vliegtuigen, radar en periscoop. In het Reddingmuseum Doris Rijkers krijgt men een beeld van het reddingwezen voor de Nederlandse kust aan de hand van maquettes, reddingmateriaal, kranteartikelen en een diavoorstelling.
Den Helder heeft een zeejachthaven en een grote visafslag waar voornamelijk platvis wordt verhandeld (na afspraak te bezoeken). Het is ook een belangrijke bevoorradingshaven voor de diverse boorplatforms. Vanuit Den Helder varen sportvisboten uit en er zijn visboten te huur.
's Zomers is er elke dinsdag juttermarkt, een toeristische markt waar demonstraties nettenboeten en glasblazen gegeven worden.
In Huisduinen staan de gietijzeren vuurtoren De Lange Jaap (64 m) en het gebouw van de kustwacht waar toezicht wordt gehouden op de scheepvaart van en naar Den Helder.
In de Donkere Duinen (40 ha duinen en bos) bevinden zich een vijver, een uitkijktoren en een hertenkamp.
De zandstranden worden 's zomers druk bezocht en door de duinen lopen fiets- en wandelpaden.

Anna Paulowna en **Breezand** liggen in een bollenstreek. Eind april/begin mei zijn er bloemendagen met bloemenmozaïekwedstrijden en wandeltochten (5, 10 en 15 km).
In de Poldertuin (aan de Molenvaart bij het Polderhuis) zijn vanaf maart alle voorkomende bollen te zien.

wieringen/schagen

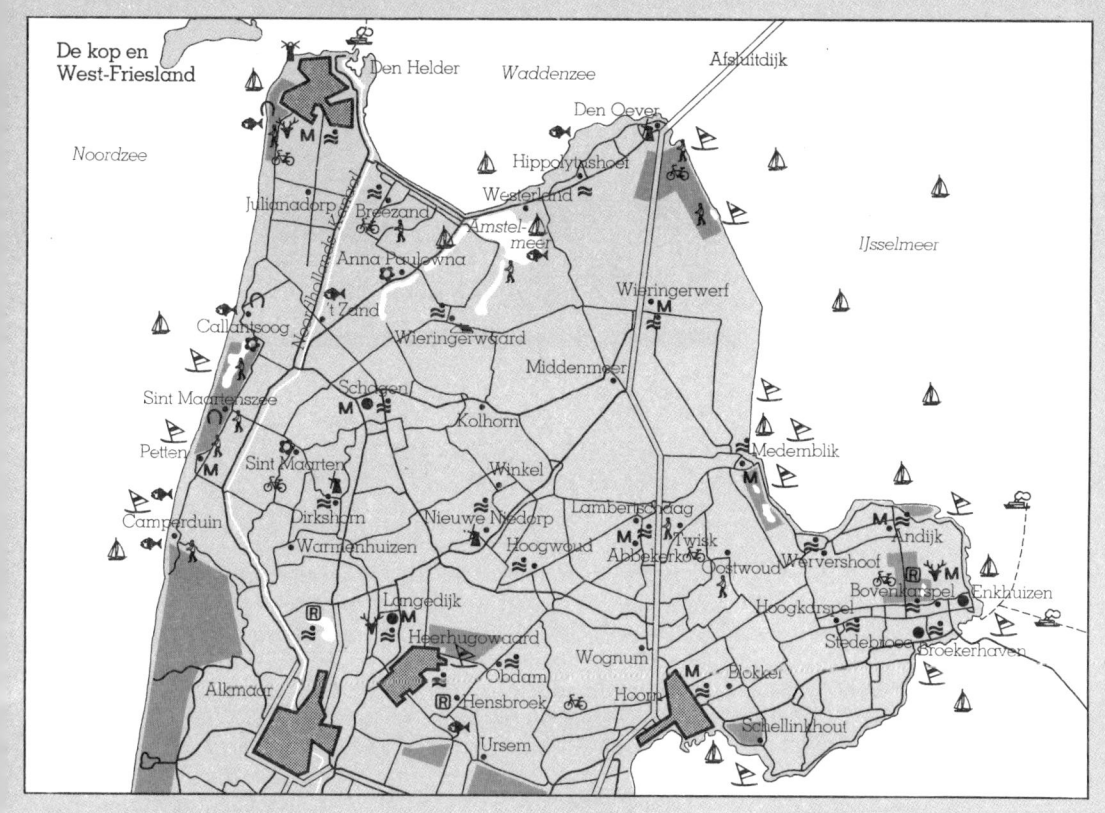

Het dieselgemaal Leemans bij Den Oever en het elektrisch gemaal Lely bij Medemblik zijn na afspraak te bezichtigen.
Ten zuiden van Den Oever liggen het Robbenoordbos (ca. 500 ha loofbos) en aan de kust het Dijkgatbos (125 ha) bij de twee wielen die zijn ontstaan bij de dijkdoorbraak in 1945.
In het raadhuis in **Wieringerwerf** is een tentoonstelling ingericht over de Wieringermeer en de Zuiderzeewerken.

De Wieringerwaard is al eerder drooggemaakt (in 1610). Er staan nog veel stolpboerderijen.
Kolhorn lag vroeger aan zee. De Westfriese Omringdijk loopt langs de plaats. Aan het Kolhornerdiep staan nog enkele vissershuisjes.

In de Oude Veer kan men o.a. waterskiën en surfen. Bij de Van Ewijcksluis zijn boten te huur.

Het Amstelmeer is een natuurgebied. Een deel van de omringende hooilanden is niet toegankelijk, maar wel te zien vanaf de weg die aan de zuidkant om het meer loopt. De plas waarop veel wordt gezeild, gesurfd en gevist is te bereiken vanaf **Wieringen** via Lutjestrand.
In **Westerland** is een jachthaven. In de zomer worden er vis- en zeilwedstrijden gehouden.

Het eiland Wieringen is al in 1927 verbonden met de kust van Noord-Holland en in 1932 door de Afsluitdijk met Friesland. In de Afsluitdijk waaraan vijf jaar is gewerkt zijn bij Den Oever en Kornwerderzand scheepvaartsluizen en uitwateringssluizen geconstrueerd. De verkeersweg loopt over de uitwateringssluizen heen. De sluizen (15 bij Den Oever en 10 bij Kornwerderzand) zijn 12 m breed en 4 m diep en dienen om het overtollige water van het IJsselmeer in de Waddenzee te spuien.

Vanuit **Den Oever**, een vissershaven, vertrekken sportvissersboten en rondvaartboten. Tijdens de Flora-feesten (bloementontoonstelling en kermis) kan men meevaren met de Wieringer vissersvloot.
De Wieringer kermis en de Tulenmarkt in **Hippolytushoef** zijn beroemd (eind juli/begin aug.).

De Wieringermeer is in 1930 drooggelegd en is voornamelijk agrarisch gebied waarin voor een groot deel bloembollen worden geteeld. Het is een van de grootste bloembollengebieden van ons land en in het voorjaar is het rond **Middenmeer** één enorme bloemenzee.

Schagen is een marktstad. Op donderdag, van juli tot september, zijn er een Westfriese folkloristische markt en een optocht met boerenwagens en sjezen en in het voorjaar een jaarmarkt en een paardententoonstelling. In het najaar worden er een grote veetentoonstelling en een lapjesmarkt gehouden. Museum Vreeburg is een oudhollandse boerderij.

callantsoog/langedijk

In de badplaats **Callantsoog** (VVV) worden in de zomer strandspelen, fiets- en wandeltochten gehouden. Wekelijks is er een braderie. Vanaf de strekdammen kan men goed vissen.

Het Zwanenwater (ca. 600 ha) ligt ten zuiden van Callantsoog in de duinen. In het midden van het natuurreservaat liggen twee grote plassen die een belangrijk broedgebied van o.a. de lepelaar zijn. Er verblijven veel vlinders, insekten en vogels. De grond is afwisselend droog en nat waardoor de begroeiing erg varieert. Het Zwanenwater is alleen toegankelijk op de aangegeven route (5 km) van 15 maart tot 1 augustus (leden 'Natuurmonumenten' gratis, anderen ƒ 1,- per automaat aan de ingang). Er zijn regelmatig excursies onder leiding van de opzichter.

Petten (VVV) ligt aan de noordkant van de Pettemer en Hondsbosse Zeewering – een geasfalteerde dijk met een lengte van 5,5 km – die het achterliggende land beschermen tegen de zee. In de zomermaanden is er de tentoonstelling Dijk te Kijk die informatie over de zeewering geeft. In de Oudheidkamer Schagerbrug (op woensdagmiddag geopend) liggen foto's, kaarten en tekeningen die over de geschiedenis van Petten vertellen.

Over De Westfriese Omringdijk, een vroegere zeewering, kan men een auto- of fietstocht maken (bij voorbeeld van **Schoorldam** via **Sint-Maarten** naar Kolhorn). Vooral het stuk tot Sint-Maarten is erg mooi. **Sint-Maartenszee** is een tamelijk rustige badplaats. Er zijn veel campings.

Warmenhuizen ligt in een omgeving van vlak akkerland waar veel kool, aardappelen en zaden worden verbouwd. In de cactuskwekerij zijn 3000 soorten cactussen en vetplanten te zien.

Dirkshorn is een vakantieplaats waar in de zomermaanden een oudhollandse markt wordt gehouden.

het zuiderzeemuseum

Het Rijksmuseum Zuiderzeemuseum in Enkhuizen geeft een overzicht van de Zuiderzeecultuur tot 1932. In dat jaar werd de Zuiderzee IJsselmeer door het gereedkomen van de Afsluitdijk. Het museum bestaat uit twee gedeelten: een buitenmuseum en een binnenmuseum. In het buitenmuseum is een compleet vissersdorp nagebouwd zoals dat tussen 1880 en 1932 heeft bestaan. De 130 huisjes en schuren zijn volgens het stratenplan van Zoutkamp geplaatst en zijn zelf afkomstig uit diverse plaatsen rond de Zuiderzee. Getracht is alle facetten van het leven in een vissersdorp te verbeelden.
Het binnenmuseum lijkt op een normaal museum met tentoongestelde voorwerpen. Hier hebben die voorwerpen alle betrekking op het leven van de vissers in vorige eeuwen. Men ziet naast klederdrachten, gebruiksvoorwerpen, interieurs en scheepsmodellen ook een tiental schepen op ware grootte. Als men dit zeer complete overzicht van een stukje Nederlandse cultuur gaat bezoeken kan men alleen met de museumboot naar het buitenmuseum varen. Dit bootje vertrekt elke vijftien minuten bij de dijk van Enkhuizen naar Lelystad. Het buitenmuseum is geopend van april tot oktober, het binnenmuseum het gehele jaar.

De tuindersdorpen **Broek op Langedijk, Zuid-** en **Noord-Scharwoude** en **Oudkarspel** vormen de plaats **Langedijk**.
De Broeker veiling is de oudste en enige vaarveiling van Europa en tegenwoordig museum. In de zomer worden er voor de bezoekers groente, fruit en bloemen geveild. De waar wordt per schuit binnengevaren en kan speciaal voor de toerist ook per kleine hoeveelheid worden gekocht. Er zijn een kinderboerderij, palingrokerij en een verzameling landbouwwerktuigen en schuiten. Men kan een rondvaart maken door de omringende polder die vroeger 'Het rijk der duizend eilanden' werd genoemd. Nu zijn er (o.a. door verkaveling) veel slootjes gedempt.
De Stichting Boerkoopmuseum bezit een collectie schelpen, mineralen en fossielen ('s winters gesloten).
Ten zuidwesten van Langedijk ligt het recreatiegebied Geestmerambacht.

heerhugowaard/enkhuizen

Het recreatiegebied De Leijen (met dagcamping) ligt tussen **Heerhugowaard** en **Hensbroek**. Een gedeelte van de plas is afgezet ten behoeve van zwemmers. Vissers vangen er karper of snoek. Tussen Heerhugowaard en **Obdam** ligt De Weel, een zandwinplas die geliefd is bij surfers en zwemmers.

In **Hoogwoud** worden elke donderdag in de zomer VVV-viswedstrijden gehouden.
In de Rijd, een waterplas, bij **Nieuwe-Niedorp** en in andere watertjes wordt veel gevist. Er staat nog een watermolen. Op de zandgronden worden bloembollen gekweekt en in Nieuwe-Niedorp zijn in september prachtige bloemenmozaïeken te zien. In **Winkel** is in september een dahliabloemencorso.

De museumboerderij De Groene Woid in **Abbekerk** laat het boerenleven rond 1900 zien.

In **Lambertschaag** kan men in juli een weekend paalzitten.

Het kleine dorpje **Twisk** is in zijn geheel tot beschermd dorpsgezicht verklaard.

Bij **Oostwoud** ligt het Egboetswater, een natuurterrein dat alleen fietsend of wandelend te bereiken is. In de rietlanden leven veel watervogels.

Medemblik (VVV) was vroeger een belangrijke handels- en havenstad en is de kleinste en oudste stad van Westfriesland. Het is nu een watersportcentrum. Op vijf zaterdagen in de zomer worden er Romantische Markten gehouden.
Op het IJsselmeer voor Medemblik worden veel zeilwedstrijden georganiseerd. Ondanks de ruilverkaveling is het nog steeds mogelijk door de poldervaarten van Medemblik naar Enkhuizen te varen. Er is wel een aantal voorzieningen getroffen; er zijn o.a. twee aquaducten aangelegd. De doorvaarthoogte van de bruggen is 1,5 m.
Het gebouw van het oude stoomgemaal Medemblik is ingericht als stoommachinemuseum.
In de zomermaanden rijdt de historische stoomtram tussen Medemblik en Hoorn. Vanuit de Oosterhaven vertrekt de boot naar Enkhuizen.
Het Nesbos ligt ten zuiden van Medemblik aan het IJsselmeer. Het is een vrij toegankelijk recreatieterrein waar surfen, zwemmen en het opzetten van tenten zijn toegestaan.
Op de plas tussen Medemblik en **Wervershoof** wordt erg veel gesurfd.

In **Andijk**, een tuindersdorp, staat het poldermuseum Het Grootslag. Andijk is beroemd om zijn leliekwekerijen.

Vanuit **Enkhuizen** (VVV) zijn boottochten te maken naar verscheidene plaatsen aan het IJsselmeer. De veerdienst Enkhuizen–Staveren vaart van medio mei tot medio september.
Aan de haven ligt het oudste deel van de stad die in de 17de eeuw als havenstad een grote bloei kende. Door het centrum lopen grachten en staan nog veel 17de-eeuwse gebouwen. De Dromedaris is het enige restant van de vestingwerken. In de oude stadsgevangenis is nu een wapenmuseum gehuisvest.
Aan de Oosterhaven ligt het Buitenmuseum van het Zuiderzeemuseum dat alleen over het water te bereiken is (parkeerterrein bij de dijk van Enkhuizen naar Lelystad). Het is 's winters gesloten. Het Binnenmuseum dat is gevestigd in een voormalig pakhuis van de Oostindische Compagnie is het gehele jaar geopend.
Het Waaggebouw uit 1559 bezit een chirurgijnskamer anno 1636. Er zijn medische instrumenten en boeken tentoongesteld.

de boer op

Westfriesland is een boerenland, een 'agrarisch gebied', waar in de vele poldertjes en polders akkerbouw, tuinbouw, fruitteelt, bloembollenteelt en veeteelt worden beoefend. En ook dit is een onderdeel van 'het groene Noord-Holland'. Het is echter een veel te weinig bekend onderdeel.
Natuurlijk, men denkt het land aardig te kennen en misschien weet menigeen ook waar kool wordt verbouwd en waar je tulpenvelden kunt zien. Maar wat er allemaal omgaat op zo'n akkerbouw- of veeteeltbedrijf, dat blijft vaak onbekend.
Toch wil menige boer of boerin, tuinbouwer of bollenkweker graag meer vertellen over zijn bedrijf.
De Stichting Public Relations Land- en Tuinbouw wil daar wat aan doen. Er is een programma opgezet, dat onder het motto 'De boer op' mogelijkheden biedt het boerenbedrijf te leren kennen, er tenminste iets meer van te weten te komen. Wie zin heeft met het hele gezin de boer op te gaan om te praten, te luisteren, te kijken kan een adreslijst (ook met telefoonnummers) krijgen bij die Stichting. Adres: Postbus 91430, Den Haag.

enkhuizen/alkmaar

In Sprookjeswonderland worden kabouter- en sprookjesfiguren uitgebeeld. Er zijn een hertenkamp, een kinderboerderij en een speeltuin ('s winters gesloten).
Het Recreatiepark Enkhuizerzand ligt aan het IJsselmeer. Hier vindt men surfstrand, dagcamping, wandelpark en speelweiden.

Het Streekbos (58 ha), ten noorden van **Bovenkarspel,** bestaat uit een plas met een zandstrand, bos en speelweiden. De plas staat in verbinding met de vaarroute Enkhuizen–Medemblik. Bij het bezoekerscentrum beginnen twee uitgezette wandelingen. Er zijn wandelpaden, een dag-camping en een speeltuin en men kan er fietsen.
In februari is er een grote bloemenshow: de Westfriese Flora.

In **Broekerhaven** is het mogelijk via een 'overhaal-inrichting' uit of in het IJsselmeer te worden getild. Het is dan mogelijk de recreatieve vaarroute van Enkhuizen naar Medemblik te volgen.
Vanaf Enkhuizen kan men over de dijk vlak langs de zee naar Hoorn rijden. In het voorjaar bloeien aan de landzijde van de dijk de fruitbomen. Voorbij het mooie dorpje **Schellinkhout** ligt de Uiterdijk, een gebied van weide en watervogels. Langs de kust wordt veel gesurfd en gevist.

Het plein Het Rode Steen was vroeger het centrum van **Hoorn** (VVV) en is genoemd naar de rode steen, de plaats waar terechtstellingen werden voltrokken. Naast het standbeeld van Jan Pieterszoon Coen is hij nog te zien. In het gebouw waar nu het Westfries Museum is gevestigd kwamen lang geleden de afgevaardigden van de steden van Holland-boven-het IJ bijeen. De wapens van deze steden sieren de gevel. In het museum: interieurs met eikehouten betimmeringen, schilderijen, voorwerpen uit handel- en zeevaart, vooral uit de tijd van de Verenigde Oostindische Compagnie (VOC) en archeologische vondsten. De educatieve dienst onder leiding van de enthousiaste museum-directeur heeft speciaal voor kinderen stencils gemaakt waardoor op een leuke manier kennis wordt gemaakt met het museum.
Al vroeg was Hoorn een streekhandelscentrum. Er voeren Hoornse schepen op de Oostzee en de Middellandse Zee. De koopmanshuizen werden groter, de scheepsbouw breidde zich uit en Hoorn werd één van de voornaamste in- en uitvoerhavens van de Zuiderzee (tot in de 17de eeuw). Daarna nam o.a. Amsterdam de functie van Hoorn over en pas in de 19de eeuw kwam er weer een opbloei en werd Hoorn een markt- en verzorgings-centrum.
De Veermankade aan de haven met gerestaureerde koopmanshuizen en pakhuizen en de toren aan de haveningang herinneren nog aan de goede oude tijd. De ANWB en de VVV hebben stadswandelingen uitgezet. De Lappendag in augustus (aan het einde van de kermis) is een groot feest dat van heinde en ver bezoekers trekt.

orgeltochten

In de maanden juli en augustus worden in Noord-Holland orgeltochten gehouden (inl. over data en plaatsen bij de VVV). Iedereen met eigen vervoer kan aan de tocht deelnemen. Elke zaterdag worden vier kerkorgels bezocht in plaatsen die op fietsafstand van elkaar liggen.
De orgels worden per tocht bespeeld door één organist.

's Morgens vroeg gaan de deuren van alle cafés open en in de hele stad is het 'uitverkoop'. In de zomer-maanden is er op woensdag een folkloristische markt. Van mei tot oktober rijdt de stoomtram dagelijks naar Medemblik en vaart de boot van Enkhuizen naar Medemblik.

Ten noorden van Hoorn ligt **Blokker,** een groente- en fruitcentrum.

Alkmaar (VVV) met zijn oude stadskern binnen de singels is centrum en marktplaats van de regio. Op de vrijdagse kaasmarkt op het Waagplein lopen (in de zomer) de kaasdragers gekleed in witte gildepakken met hoeden in de kleuren van de vemen. Zij lopen (alleen voor de toerist) met berries die geladen zijn met kaasjes naar het Waaggebouw; de echte kaashandel vindt op de beurs plaats. In het Waaggebouw is op de tweede verdieping een overzichtstentoonstelling van de ontwikkeling van het kaasmaken te zien. Op de eerste verdieping geeft het Nederlands Zuivelbureau

alkmaar/bergen

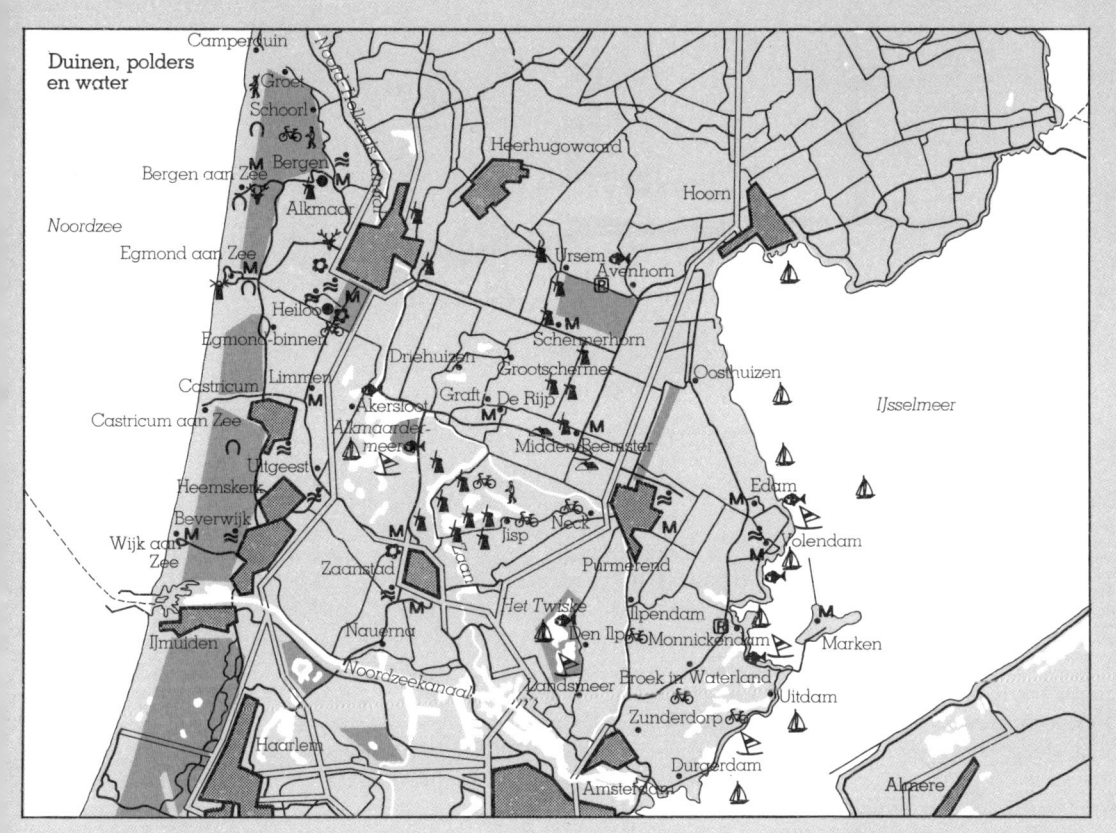

Duinen, polders en water

informatie en op de begane grond is een proeflokaal. Tijdens de kaasmarkt worden oude ambachten gedemonstreerd.
In het Stedelijk Museum is een verzameling speelgoed, tegels, schilderijen en bodemvondsten te zien. In het Schrijfmachinemuseum staan meer dan 100 schrijf- en rekenmachines. De Molen van Piet (1769) is een oude meelmolen op een van de oude stadswallen. De Eendracht is een watermolen. Het Stadspark De Hout heeft een dierenparkje.
In het Egmonder Hout, waar ook een blindentuin is, zijn op woensdagmiddagen rondwandelingen.

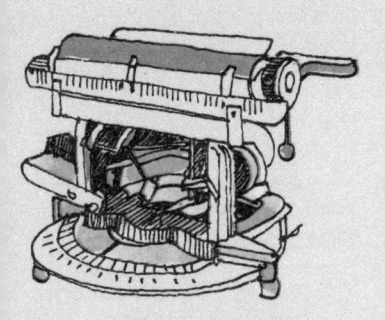

Het recreatiegebied Hoornsevaart bestaat uit een park met zwembaden en sportvelden.
Er zijn boottochten mogelijk door de grachten, naar Amsterdam, de Zaanse Schans en het Alkmaardermeer.

In de Boswachterij Schoorl (2000 ha; ten westen van de weg **Camperduin–Schoorl–Bergen**) liggen fiets-, ruiter- en wandelpaden. Er is een dagcamping. Bij het bezoekerscentrum Het Zandspoor aan de rand van de duinen start een aantal wandelroutes en excursies naar o.a. de meeuwenkolonie. De boswachterij omvat begroeide binnenduinen, heidevelden, stuifduinen en de hoogste duinen van Noord-Holland. Het Noordhollands Duinreservaat (4760 ha) strekt zich ongeveer uit van Bergen aan Zee tot Wijk aan Zee. Het reservaat heeft drie functies: waterwering, natuurbehoud en recreatie. Het is niet vrij toegankelijk (kaarten verkrijgbaar bij de ingang en de VVV). Er bestaat een wandelkaart van het gebied. De start- en eindpunten van de 28 wandelroutes liggen bij de parkeerplaatsen. In totaal is bijna 300 km wandelpad aangelegd.
Vlak aan de kust zijn de duinen door de constante zeewind schaars begroeid. Meer landinwaarts vindt men bossen. Het Zandspoor heeft een tentoonstelling over de duinen: ontstaan, kenmerken en ontwikkeling. Het noordelijk deel is kalkarm, maar wordt naar het zuiden toe steeds kalkrijker. De vegetatie varieert hierdoor nogal sterk. De open duinen, bossen en vochtige gebieden hebben elk hun eigen bewoners.

Bergen (VVV) op de rand van bos, duin en polderland is ook buiten het drukke zomerseizoen een gezellige plaats met veel cafés en restaurants.
De badplaats is **Bergen aan Zee** waar het 's winters erg stil is; het heeft niet meer dan 300 inwoners.
In het Parnassiapark, een duinpark met dierentuintje, is een centrum van de IVN ingericht (zondagmiddag geopend) waar men inlichtingen geeft over duinexcursies en fietstochten. Het zeeaquarium herbergt vissen uit de hele wereld en een collectie schelpen.
In Bergen zijn in het gemeentemuseum Het Sterkenhuis prenten, klederdrachten en meubels uit Bergen en omstreken te zien.
In juli en augustus is er elke vrijdag een kunstmarkt, en op donderdagavond is er een braderie. Begin augustus is het lichtjesavond waarop het hele centrum van Bergen is verlicht door lampions en vetpotjes.
De kunstskibaan El Primo is het gehele jaar geopend.
Ten zuiden van Bergen wordt het Duinreservaat een stuk smaller.

egmond aan zee/heemskerk

de noordzee

Vakantie aan zee of een dagje-aan-zee... Het betekent altijd een fijne wandeling over het strand, langs de zee, de Noordzee. En op warme, zomerse dagen even het water in. En waarschijnlijk zullen er weinigen zijn, die zich realiseren dat diezelfde Noordzee gebruikt wordt als vuilnisvat.
Want wat we op het vasteland niet kwijt kunnen, omdat dit niet veilig is, of omdat er geen ruimte voor is, dat dumpen we in zee. Toch is die Noordzee, die de Noordhollandse kust bespoelt, een heel belangrijk stuk natuur.
Al lang geleden is de mens begonnen die natuur te gebruiken. Vooral om er te 'oogsten'. De visserij heeft lang gezorgd voor 'zeebanket'. En natuurlijk is de zee ook al vele eeuwen gebruikt als transportweg voor schepen.
Maar dat oude, je zou haast zeggen 'rustige gebruik' is verdrongen door de modernste middelen die doelmatigheid en snelheid moeten geven. Vissersschepen gaan de rijke visgebieden op met apparatuur die de vis kan opsporen en de vangstmethoden zijn zodanig geworden dat enorme hoeveelheden vis gehaald kunnen worden.
De laatste jaren zijn er veel meer, en veel intensievere activiteiten op de Noordzee: het zoeken, vinden en winnen van olie en gas, het winnen van grind en zand, aanleg van industriecomplexen, elektriciteitsopwekking en... vuilstort.
Sinds 1977 is de Werkgroep Noordzee actief bezig met o.a. het vragen van aandacht voor de Noordzee als 'één der meest intensief gebruikte en misbruikte zeeën ter wereld'. Want, zo zegt de Werkgroep, 'het leven in de Noordzee, in heel zijn natuurlijke samenhang, is van zo'n groot belang dat bescherming tegen de schadelijke invloeden van de mens geboden is'.

Egmond aan Zee is oorspronkelijk een vissersplaats en nu een badplaats. Het vormt met **Egmond aan den Hoef** en **Egmond Binnen** de gemeente Egmond. De vuurtoren is niet meer in gebruik en staat er nog als monument ter nagedachtenis aan Jan van Speyk, de zeeheld die zichzelf en zijn schip de lucht inblies.
Het Museum Prins Hendrik Stichting is ondergebracht in het rusthuis voor oud-zeelieden.
Het historisch museum bezit voorwerpen betreffende de geschiedenis van Egmond aan Zee en de visserij.

Tussen Egmond, Bergen, Alkmaar en Heiloo ligt een weidegebied met dijkjes. In het voorjaar bloeien er de bloembollenvelden.
In **Heiloo** staat Hortus Bulborum, een bloembollenmuseum waar 1000 soorten tulpen, narcissen en hyacinten, die vanaf de 17de eeuw hebben bestaan, te zien zijn. Afhankelijk van het weer is het van medio maart tot medio mei geopend.

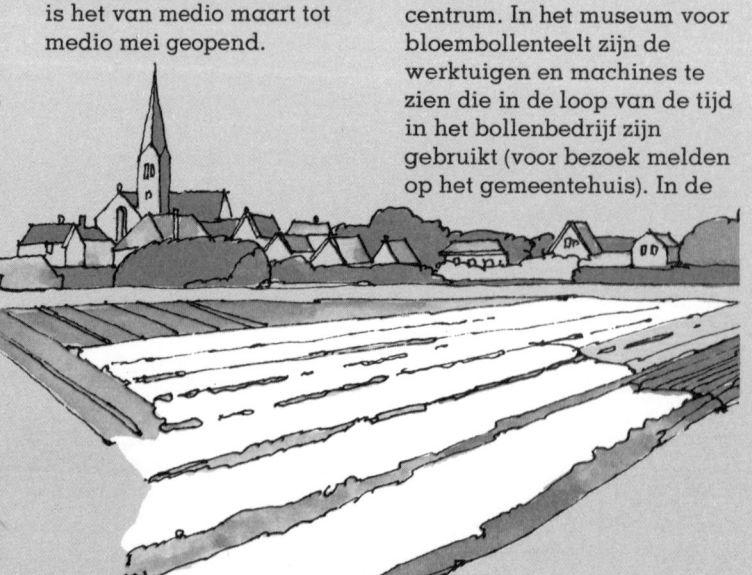

Heiloo-west is een recreatiegebied met wandel- en fietspaden en vijvers.

Limmen is een bloembollencentrum. In het museum voor bloembollenteelt zijn de werktuigen en machines te zien die in de loop van de tijd in het bollenbedrijf zijn gebruikt (voor bezoek melden op het gemeentehuis). In de bollentijd (april-mei) maakt men bloemenmozaïeken in de tuinen.

In het Noordhollands Duinreservaat, aan de weg van Castricum naar zee, ligt het bezoekerscentrum De Hoep, waar een expositie over het reservaat te zien is. Voor het strand en de zee zijn parkeerplaatsen aangelegd vlak bij het strand.

Wijk aan Zee is de badplaats van **Beverwijk** (VVV) en **Heemskerk**. De Kennemer Oudheidkamer in Huize Scheybeeck (een 18de-eeuwse buitenplaats) bezit allerlei zaken over Kennemerland en Beverwijk waaronder bodemvondsten, prenten en kaarten.
Op werkdagen worden in Beverwijk bloemen en groenten geveild.

uitgeest/edam

Het Uitgeestermeer is een uitloper van het grote Alkmaardermeer waar allerlei vormen van watersport worden beoefend. Zowel bij **Uitgeest** als **Akersloot** zijn jachthavens. Enkele graslandpolders rond het meer zijn belangrijke broed- en pleisterplaatsen voor weide- en watervogels en niet toegankelijk. In de plassen en sloten wordt veel gevist.
Eind mei, begin juni is er in Akersloot de Liliade, een lelietentoonstelling.

Graft, De Rijp en **Groot-Schermer** liggen in de Eilandspolder – het oude vasteland tussen de Schermer en de Beemster. Het waterrijke gebied, waar veel vogels voorkomen, is een geschikt kanogebied.
De Rijp is de geboorteplaats van Jan Adriaanszoon Leeghwater die een zeer belangrijke rol vervulde bij het droogleggen van diverse polders. De Rijp is een lief dorpje met een sluisje en een gerestaureerd Waaggebouw. Het is zeer de moeite waard om hier eens rond te lopen.

Beroemde haringvissers en walvisvaarders kwamen uit De Rijp. In museum Het Houten Huis zijn gereedschappen, tegels en koper en herinnert veel aan de haring- en walvisvaart.

Voor het droogmalen van de Schermer (1631-1635) zijn 54 windwatermolens gebruikt waarvan er nog 11 over zijn. Eén ervan is de Museummolen bij **Schermerhorn** waarvan een gedeelte is opengewerkt zodat de werking duidelijk wordt. In de Grote Kerk in Schermerhorn heeft het Hollands Schaats- en Wintermuseum een plaats gevonden ('s winters alleen op zondag open). Er worden sleden, medailles, schilderijen met wintervoorstellingen en ijsspelen geëxposeerd.

Langs de weg van Groot-Schermer naar Ursem staat een aantal molens. In **Ursem** zijn de kaasboerderij en kaasfabriek De Prinsen na afspraak te bezichtigen. Het recreatieterrein Ursemerplas ligt tussen Ursem en **Avenhorn.** Er zijn een speelvijver, speelweiden, een vissteiger en kampeermogelijkheden.

De Beemster wordt doorsneden door rechte polderwegen. De destijds drie meter diepe plas is met behulp van vele molens in een jaar tijd drooggelegd. In 1610 liep het gebied echter weer onder door een dijkdoorbraak, maar in 1612 was het alweer droog en bouwden Amsterdamse kooplieden er hun zomerverblijven.
Ten zuiden van **Midden-Beemster,** in het centrum van de polder, staan nog oude stolpboerderijen uit de 17de eeuw. De molens zijn verdwenen.

In de pastorie woonde de bekende schrijfster Betje Wolff. Het tegenwoordige Museum Betje Wolff geeft een beeld van de inrichting van een 18de-eeuws huis en de geschiedenis van de meren. Richting De Rijp ligt de kaasboerderij Groot. Korenmolen De Nachtegaal (ten noorden van Midden-Beemster) is regelmatig in bedrijf en dan meestal te bezichtigen.

Purmerend is een moderne woonstad.
In het historisch museum wordt de geschiedenis van de plaats belicht. Elke dinsdag is er een algemene markt en in de zomermaanden op donderdag een kaasmarkt à la Alkmaar met demonstraties van oude ambachten.

Het stratenplan in het centrum van **Edam** (VVV) ziet er nog net zo uit als in de 17de eeuw toen het stadje een bloeiende handelsplaats was. Scheepvaart, visserij en kaashandel waren de voornaamste bestaansbronnen. Nadat het noodzakelijk was gebleken sluizen aan te leggen om het land voor overstroming en afkalving te behoeden, verdwenen de scheepswerven en tegenwoordig is Edam beroemd om zijn Edammer

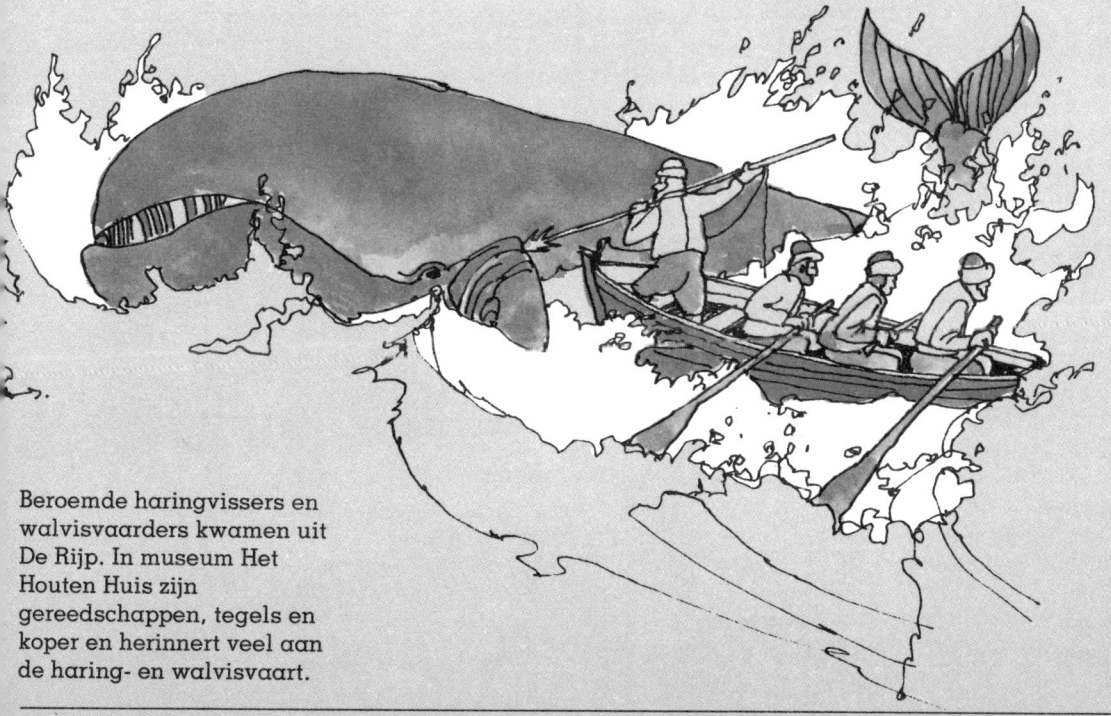

edam/ilpendam

kaasjes, zijn goedbewaarde centrum en zijn jachthaven. Het Edams museum is gevestigd in een 16de-eeuws huis met een drijvende kelder (een gemetselde bak die op het water drijft).

In **Volendam** (VVV) is toerisme een belangrijke inkomstenbron geworden nadat de Zuiderzee IJsselmeer werd. Op werkdagen is er dagelijks een visafslag (paling en aal).
Nog steeds lopen er Volendammers in traditioneel kostuum (vooral op zondag). Bezoekers kunnen zich er in Volendamse klederdracht laten fotograferen. Het Volendams museum laat de geschiedenis van Volendam zien, die nauw verbonden is met de zee. Een bezienswaardigheid is De Gouden Kamer, een huis waarvan de muren zijn volgeplakt met sigarebandjes.
In de zomermaanden kan men enkele ambachtslieden aan het werk te zien en zijn er boottochten naar Marken of Monnickendam. De jaarlijkse kermis is een drie dagen durend groot feest.

In **Katwoude,** in de kaasboerderij De Jacobshoeve, wordt kaas volgens oudhollands recept gemaakt.

Monnickendam (VVV), gesticht door norbertijner monniken bij de dam in de Purmer Ee, was vroeger een welvarend stadje waarvan enkele huizen met mooie gevels nog getuigen. Het is nu een watersportcentrum met twee grote jachthavens. In de nieuwbouwwijken wonen veel forensen. Oudheidkamer De Speeltoren, het Speeldozenmuseum, de pottenbakkerij, de palingrokerij en in juli en augustus de Gouwzeemarkten trekken veel bezoekers.
Hemmeland, een recreatiegebied van 30 ha, ligt ten noorden van Monnickendam.

Marken heeft, ondanks de dijk (2 km) die het sinds 1957 met het vasteland verbindt, zijn eilandkarakter goed kunnen bewaren. Vreemdelingen (zoals de Markers toeristen noemen) zijn verplicht de auto te parkeren op het parkeerterrein en kunnen het eiland lopend verkennen. De huizen werden vroeger gebouwd op terpen (werven) of palen om ze tegen het water te beschermen. De typische huizenbouw en de klederdracht van de eilandbewoners trekken veel belangstelling.
Het Marker Museum en Marker binnenhuisje geven een goed beeld van leven, wonen en werken van de vissersgezinnen. De Marken-Express vertrekt in de zomer om het halfuur naar Volendam en Monnickendam. Elk jaar worden er botterwedstrijden gehouden.

Neck en **Jisp** zijn twee dorpjes ten westen van Purmerend. In de winter organiseert men hier vaak schaatstochten. Vanuit Jisp worden boottochten over het Zwet naar het Jisper- en Wormerveld gemaakt.

De omgeving van **Broek in Waterland, Uitdam, Durgerdam, Zunderdorp** en **Ilpendam** is een uitstekend fietsgebied. De vele watertjes en plassen noden tot vissen, roeien en kanoën. Overal zijn de typisch Waterlandse huizen te zien, veelal groen en wit geschilderd.
De Waterlandroute (45 km) van de ANWB loopt door dit gebied.

behoud van het ijsselmeer

Sinds 1972 kennen we in Nederland de Vereniging tot behoud van het IJsselmeer. Deze vereniging heeft zich ten doel gesteld het (nog resterende) IJsselmeer en zijn naaste omgeving te behouden in zijn landschappelijke, natuurhistorische, waterhuishoudkundige, recreatieve en milieuhygiënische aspecten.
Deze vereniging is een voortzetting van de Stichting 'Markerwaard van de kaart', welke was opgericht in Edam in 1971, toen er onder de bevolking van Noord-Holland grote onrust ontstond over de plannen om in de door inpoldering te verkrijgen Markerwaard een tweede luchthaven aan te leggen. De actiegroep van verontruste Noordhollanders richtte haar bezwaren overigens niet meer alleen tegen de aanleg van een tweede internationale luchthaven, maar ook tegen de hele inpoldering die o.a. in snel tempo een sterk vervuild randmeer bij de Noordhollandse kust zou doen ontstaan. De ervaringen met de snel vervuilde randmeren van de Flevopolders vormden de grond voor deze bewering.
De verandering van anti-Markerwaard-actiegroep tot grote IJsselmeervereniging achtte men noodzakelijk omdat bij de problematiek steeds het hele IJsselmeergebied moet worden betrokken. Argumenten 'voor' of 'tegen' hadden steeds te maken met het hele natte gebied.

den ilp/driehuis

konijn: duinbedreiger

Bekendste en vaakst geziene wilde bewoner van het duin is het konijn, dat na de ijstijden in onze streken niet meer voorkwam, maar dat omwille van bout en buit door de Romeinen is ingevoerd. Het dier heeft het sindsdien, ondanks bejaging, best kunnen rooien. Het heeft zich braaf vermenigvuldigd en menigmaal is er sprake geweest van een 'plaag'. De bekende ziekte myxomatose heeft de konijnenstand aanvankelijk wel verkleind, maar de ergste effecten lijken achter de rug.
Het konijn houdt vooral van een zandig terrein. Daar kan hij goed zijn holen en gangen graven. Vaak is dat een heel stelsel, dat wordt bewoond door een complete 'kolonie'. De jongen worden naakt en blind geboren in een apart hol, de 'wentel', dat nauwkeurig wordt afgesloten als de moeder het verlaat. De jonge konijnen kunnen na een maand al voor zichzelf zorgen en nog twee maanden later kunnen ze zich al voortplanten.
Door hun graaf- en knaagwerk kunnen konijnen in de duinen veel schade aanrichten. Ze worden ook om die reden bejaagd. Het vreemde is dat ook de natuurlijke vijand van het konijn, de vos, bejaagd wordt.

In **Den Ilp** zijn bootjes te huur voor een tocht door het Ilperveld, een gebied bestaande uit water, veenweiden en moerasbosjes.

Ten westen van Den Ilp en **Landsmeer** ligt Het Twiske. Het recreatiegebied is nog in een pril stadium. Het wateroppervlak beslaat 200 ha en rondom zijn fiets-, wandel- en ruiterpaden aangelegd. Er is een ondiep zwemgedeelte (in het zuiden) en er zijn speelweiden, kampeerterreintjes en een jachthaven. Aan de rand liggen parkeerplaatsen.

Oostzaan ligt ten westen van Het Twiske en vormt met de plaatsen **Zaandam,** **Westzaan, Zaandijk, Krommenie, Koog aan de Zaan, Assendelft** en **Wormerveer** de stad **Zaanstad.**
De windmolens langs de Zaan, waarin vanaf 1600 meel en cacao werden gemalen en hout werd gezaagd, zijn verdwenen. De bloei van de scheepsbouw en de scheepvaart brachten de ondernemende Zaankanters ertoe steeds meer grondstoffen aan en af te voeren en later ook te verwerken tot eindprodukten. De huidige voedingsmiddelenindustrie in de Zaanstreek is daar het rechtstreekse gevolg van.
De Zaanse Schans is een groep houten huizen en molens afkomstig uit verschillende plaatsen in de Zaanstreek zodat toch nog te zien is hoe het vroeger was. De meeste huizen en molens zijn bewoond en de Zaanse Schans is dus eigenlijk een levend museum.
Een kruideniersswinkeltje, stijlkamermuseum, bakkerijmuseum, uurwerkenmuseum, klompenmakerij en enkele molens zijn opengesteld voor het publiek. In de mosterdmolen Huisman maakt men nog steeds heerlijke mosterd.
In augustus zijn er folkloristische markten. Vanaf de Zaanse Schans vertrekt in de zomer elk uur een boot voor een rondvaart langs de Zaanse Schans.
In Zaandam liggen enkele wandelparken. In het Burg. J. in 't Veldpark (ca. 20 ha) ligt het heempark Zaandam.
In het voorjaar kan men een boottocht maken naar het Jisperveld en het natuurgebied De Reef.

In Koog aan de Zaan staat het molenmuseum. In het 18deeeuwse koopmanshuis zijn schaalmodellen en gereedschappen te zien. De Zaanlandse Oudheidkamer staat in Zaandijk en bezit voorwerpen en kleding uit de 17de en 18de eeuw. In Wormerveer wordt begin juli een schapenscheerdersfeest gehouden.

De attractiepunten voor de bezoeker van **IJmuiden** zijn de sluizen en de visafslag. Op de plaats waar het Noordzeekanaal in de Noordzee uitmondt liggen drie sluizen waarvan de grootste 400 m lang en 50 m breed is. Wandelend over de IJmuider pieren (de zuidpier is 3000 m, de noordpier 2200 m lang) kan men de grote schepen langs zien varen. Het Pieter Vermeulenmuseum geeft informatie over de haven, de sluizen en de visserij.
IJmuiden bezit de grootste aanvoerhaven van zeevis in Nederland. Op werkdagen zijn de visafslagen (om 7 en om 9.30 uur) opengesteld voor bezoekers.
De boten met sportvissers vertrekken bijna elke morgen en keren aan het eind van de dag terug.

Het oude **Velsen** ligt aan de zuidkant van het Noordzeekanaal en is voor een deel beschermd dorpsgezicht. In vele opzichten is het een verademing hier eens rond te lopen: een stukje historie tussen al het moderne industriegebeuren. Op het landgoed Velserbeek (ca. 30 ha) zijn een hertenkamp en een kinderboerderij.
Richting **Driehuis** ligt het landgoed Beeckestein (30 ha) met een Franse tuin en kruiden- en rozentuin. Door het landgoed loopt een verharde weg.

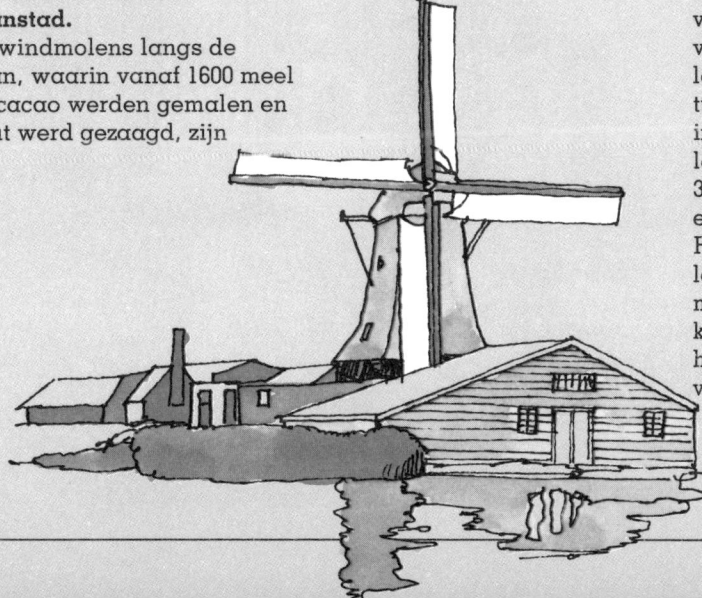

spaarnwoude/hoofddorp

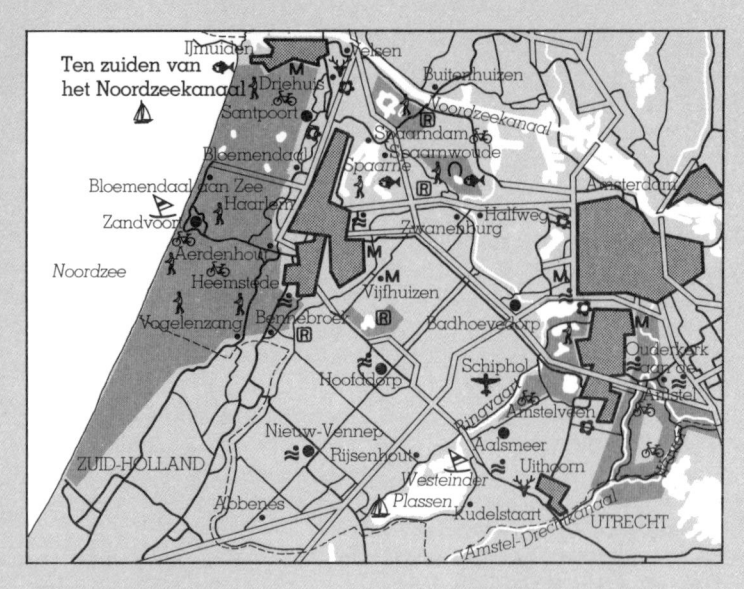

Het recreatiegebied Spaarnwoude ligt tussen Velsen, Haarlem en Amsterdam. De dorpjes **Spaarnwoude** en **Spaarndam** (jachthaven) liggen in dit groengebied dat als bufferzone moet dienen tussen de steeds verder oprukkende industrie en woonwijken.
In het informatiecentrum van Spaarnwoude (ten noorden van **Zwanenburg** en **Halfweg**) zijn folders en kaarten verkrijgbaar (wandelroutes, fietspuzzeltocht, fietstocht, informatie over flora en fauna). Spaarnwoude is verdeeld in een aantal gebieden waarin het accent ligt op watersport, natuur(behoud), wandelen of fietsen. De recreatieboerderij, openbare golfbaan, waterspeelplaatsen, kanobaan, modelbootvijver en het speciale wielercircuit bieden genoeg variatie voor vele dagjes Spaarnwoude.

Nationaal Park Kennemerduinen (1250 ha; wandel- en fietskaart verkrijgbaar) ligt aan de kust onder IJmuiden. Bij de hoofdingang aan de Zeeweg, die loopt van Haarlem naar **Bloemendaal aan Zee**, ligt het bezoekerscentrum 'Van vloedlijn tot binnenduin'. Ten zuiden van de Zeeweg ligt een aantal vrij toegankelijke bos- en duingebieden.
De bekende herberg Kraantje Lek was vroeger een halte op de route waarlangs vissers van Zandvoort naar Haarlem liepen om daar hun vis op de markt te verkopen.

Voor de Amsterdamse Waterleidingduinen zijn toegangskaarten en plattegronden verkrijgbaar bij de ingangen te **Zandvoort**, **Aerdenhout**, **Vogelenzang** en **De Zilk** (en bij de VVV's).
Bij Aerdenhout staat het bezoekerscentrum waar wisselende exposities worden gehouden en een permanente tentoonstelling over waterwinning in het duingebied is ingericht.

Zandvoort is een badplaats (met boulevard) die per trein te bereiken is. Er komen veel Amsterdammers.
Het is mogelijk over het strand en door de duinen naar IJmuiden (in het noorden) en Katwijk (in het zuiden) te lopen. Er loopt een fietspad naar Noordwijk. Dolfirama, casino en autocircuit trekken ook de niet-badgasten.

In **Haarlem** (VVV) kan men prachtig wandelen in de Haarlemse stadsparken, langs de bolwerken en in de Haarlemmerhout. De Haarlemmerhout (45 ha loofbos) heeft een hertenkamp en een kinderboerderij. Om de stad te leren kennen is er de wandelroute uitgezet langs de Haarlemse monumenten (inl. VVV). Verder zijn er een hofjesroute, een speurtocht te voet, een rondrit per paardetram en tevens is er een dagtocht per boot over het Spaarne mogelijk.
De stadskweektuin heeft een mooie rotstuin en tropische kassen.
Het Frans Halsmuseum en het draaiorgelmuseum zijn enkele van de musea die de stad rijk is.

Ten zuiden van **Heemstede**, dat tegen Haarlem aanligt, ligt het wandelbos Groenendaal en Meer en Berg (80 ha). Er zijn een hertenkamp, kinderboerderij, volière, marmottenhuis, speeltuin en vijvers. Aan de westzijde van de spoorlijn liggen Leyduin en Woestduin (85 ha). Door de bossen en weilanden zijn wandelingen uitgezet.

Ten noorden van **Bennebroek** ligt het recreatiepark De Linnaeushof.

Aan de Ringvaart bij **Vijfhuizen** staat het stoomgemaal Cruquius. In het gebouw is een poldermuseum ingericht dat een beeld geeft van droogmakerijen en bemaling in Nederland. De Cruquius heeft 8 zuigerpompen; het gemaal heeft tot 1933 dienst gedaan.
Om de Haarlemmermeer droog te krijgen is in 1839 eerst een ca. 50 meter brede ringvaart gegraven en een 60 km lange ringdijk aangelegd. In 1852 was de polder droog dwz. dat het lange tijd een modderpoel is gebleven. Nu is het een vruchtbaar akkerbouwgebied met de plaatsen **Hoofddorp**, **Nieuw-Vennep**, **Abbenes** en **Badhoevedorp**.
De ingang van het recreatieterrein Haarlemmermeerse Bos ligt tussen Heemstede en Hoofddorp. Het terrein is aangelegd rond een zandwinplas en biedt mogelijkheden om te surfen, wandelen, en (dag)kamperen. In de gemeentekas en -instructietuin in Hoofddorp groeien tropische, moeras- en waterplanten.
Op de skipiste De Meerberg kan men van september tot april skiën.

schiphol/ouderkerk aan de amstel

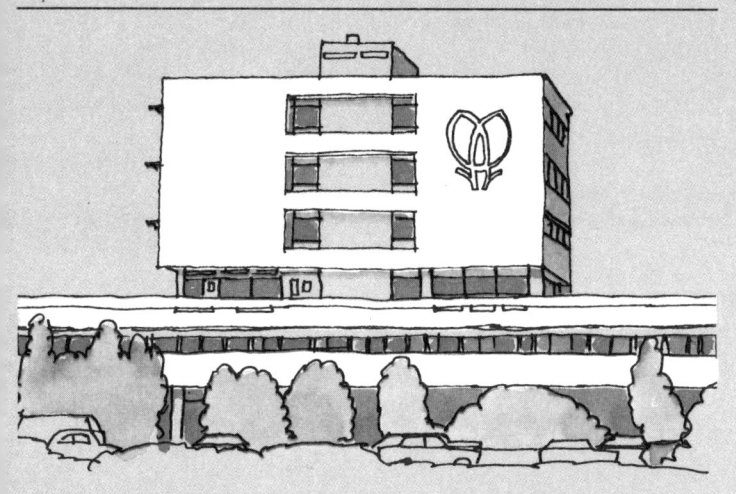

bloemenveiling

In Aalsmeer is de grootste bloemenveiling ter wereld. In een gebouw met een vloeroppervlak van 30 ha (meer dan vijftig voetbalvelden) wordt een jaaromzet van meer dan één miljard gulden behaald. De Verenigde Bloemenveilingen Aalsmeer (VBA) is het resultaat van een fusie van twee bloemenveilingen in 1968. In 1972 werd het nieuwe gebouw van 88 000 m² in gebruik genomen. In de loop der jaren is dat uitgebreid tot ruim 300 000 m².
In het veilinggebouw onderscheidt men twee soorten klanten, de grote en de kleine. Voor de kleine klant is in 1980 een selfservicewinkel 'Cultra' gekomen waar bloemen en planten in kleine hoeveelheden kunnen worden gekocht. De grote klanten staan zes veilingzalen ter beschikking waar elke werkdag tussen 7 en 12 uur bloemen en planten worden geveild die in de vroege uren door de kwekers zijn bezorgd. Binnen een kwartier na de koop staan de gekochte produkten op een door de koper aangegeven plaats klaar voor vervoer. Alle bloemen en planten worden per stuk verkocht met een minimumafname die kan variëren per partij.
Een aantal cijfers ter illustratie: per dag vertrekken 2000 vrachtwagens vanaf de veiling; per dag worden 9 000 000 snijbloemen en 700 000 planten aangevoerd; per jaar bezoeken meer dan 200 000 toeristen uit binnen- en buitenland de veiling.

thijsses hof

Het is voor de geïnteresseerde wandelaar nog niet zó eenvoudig om al het moois van de duinen, waarover hij in boeken en boekjes gelezen heeft, in het veld te vinden. Veel groeiplaatsen van bepaalde planten moeten zelfs zó beschermd worden dat men ze niet eens mag bekijken.
Toch kan al de weelde van de Hollandse duinflora bekeken worden. In Bloemendaal. Aan de Mollaan heeft de bekende dr. Jac. P. Thijsse al in de jaren twintig een prachtige 'duin-tuin' kunnen laten aanleggen.
Op een vrij beperkte oppervlakte (2 ha) is een groot aantal planten, struiken en bomen van het duin bijeengebracht. Daarvoor zijn, uiteraard, de vereiste levensomstandigheden zo goed mogelijk nagebootst. Maar dit is inderdaad zó goed gedaan dat er vrijwel alles wat 'in het wild' in het duin voorkomt ook hier te zien is.
Thijsse heeft dit 'duinpark' ook instructief willen maken. Hij was tenslotte schoolmeester... Er staan dus overal namen en toelichtingen.

De luchthaven **Schiphol** ligt in de Haarlemmermeerpolder (4 m onder de zeespiegel). Van Pasen tot medio oktober kan men een tochtje met de Cityhopper maken. De rondvluchten boven Nederland (Noordzeekust en IJsselmeer) duren een halfuur. Er wordt op ca. 500 m hoogte gevlogen zodat bij redelijk weer goed zicht gegarandeerd is.
In het Aviodome Nationaal Luchtvaart- en Ruimtemuseum staan modellen en echte vliegtuigen.
Langs het stationsgebouw liggen wandelpromenades voor de bezoekers vanwaar men uitzicht heeft op het platform en vliegtuigen kan zien landen en opstijgen.

De **Westeinderplassen** bestaan uit een aaneengesloten wateroppervlak met in het noorden sloten, eilandjes en rietlanden. De plassen zijn oorspronkelijk ontstaan door het uitbaggeren van veen en later door het spel van wind en water uitgebreid. Het meren van boten buiten de officiële aanleghavens en het bouwen van schuurtjes, schuttingen en tenthuisjes op gehuurde stukjes land worden aan banden gelegd. Er werd te veel schade aan de oevers aangebracht, en het vasteland rond het natuur- en recreatiegebied leek geheel bebouwd te zullen worden. In de toekomst wordt het aantal kampeervergunningen beperkt en is het niet meer toegestaan permanent aan een stukje land af te meren De Westeinder Plassen en de jachthavens zijn in de zomermaanden overvol. De plassen zijn via de Ringvaart met De Kaag en De Braassem (Zuid-Holland) verbonden.

Bij **Rijsenhout** en **Kudelstaart** zijn jachthavens aangelegd.

In **Aalsmeer** (VVV) is de bloemenveiling het gehele jaar voor bezoekers geopend (van 7.45 tot 11 uur).
In september is er een groot bloemencorso dat ook door Amsterdam rijdt.

Uithoorn ligt aan de Amstel. De Olievaar is een expositiecentrum annex kinderboerderij.

Ouderkerk aan de Amstel is een schitterend dorpje aan het water. Rond de polder De Ronde Hoep (weidegebied)

amstelveen/amsterdam

kan men een prachtige fietstocht maken. De weg loopt langs de Amstel, Waver, Bullewijk en het Amstel-Drechtkanaal. Er zijn verschillende fietstochten uitgezet in dit waterrrijke gebied (ANWB, Stichting Fiets!, Het groene fietsje en VVV).

In **Amstelveen** (VVV) is in het gemeentelijk expositiecentrum Aemstelle te zien hoe het hier vroeger was. De gemeente heeft zich enorm uitgebreid maar een aantal parken en het grote Amsterdamse Bos (waaraan Amstelveen grenst) zorgen voor het nodige groen.
Het voorlichtingscentrum voor natuur en milieu in Amstelveen (iedere woensdagmiddag geopend) verzorgt rondleidingen, diapresentaties en geeft wijkwandelroutes, boekjes met parkwandelingen en 'groenzoekers' uit.
'Groenzoekers' zijn boekjes die over de volgende onderwerpen gaan: vogels in het Amstelveense groen, de kruidentuin, water- en oeverplanten, bomen in Amstelveen enz.
Over het Broersepark is zelfs een zeer uitgebreid boekje verschenen waarin de wandelaar stap voor stap wordt begeleid.
Het heempark De Braak en het Jac. P. Thijssepark zijn vrij toegankelijk (er zijn rondwandelingen).
In de potterie Het oude dorp, de kaasboerderij Clara Maria en de klompenmakerij Ratterman worden demonstraties gegeven.
In het Poppenhuis zijn bijzondere antieke poppen, poppenhuizen en poppen in klederdracht te bewonderen.
Even buiten Amstelveen ligt de speel- en kinderboerderij Elsehove waar kinderen met dieren en de natuur vertrouwd worden gemaakt.
Het Amsterdamse Bos is het grootst aangelegde park van Nederland. Het ligt bijna 4 meter onder de zeespiegel en het grondwater wordt afgevoerd via draineerbuizen die 1 meter onder de grond liggen. Het Bos bestaat uit bospartijen en open ruimten (totale oppervlakte ca. 900 ha). In het Bosmuseum (achter boerderij Meerzicht, bij de Bosbaan) zijn de in het bos voorkomende dieren en een kever- en vlinderverzameling te zien. Men geeft er ook informatie over wandelroutes en excursies.
Op de Bosbaan (2200 m) worden roeiwedstrijden gehouden en 's winters wordt erop geschaatst.
Het Nieuwe Meer (125 ha) is een watersportplas met een jachthaven. In het bos kan met kano's worden gevaren.
Er zijn een aantal ingangen met parkeerterreinen, speelvijvers, speelweiden, 14 uitgezette wandelingen, een boscross en looproutes.

In de binnenstad van **Amsterdam** (VVV) staan duizenden beschermde monumenten. Met name aan de Herengracht staan prachtig gerestaureerde 17de- en 18de-eeuwse woonhuizen. Veel oude pakhuizen zijn verbouwd tot woningen, terwijl vroegere woningen tegenwoordig kantoren zijn. De Heren-, Keizers- en Prinsengracht vormen halve concentrische cirkels en worden doorsneden door smallere grachten en straten die eindigen in pleinen. Hierdoor zijn kleine eilanden ontstaan die verbonden zijn door stenen bruggen. Tijdens een rondvaart door de grachten (meestal gekoppeld aan een tocht door de Amsterdamse havens) ziet men de huizen vanuit een heel ander standpunt dan tijdens een stadswandeling.
De sociaal-economische en culturele geschiedenis van Amsterdam worden belicht in het Amsterdams Historisch Museum.
't Kromhout is een oude werf (1750) waar nog steeds houten schepen worden gerepareerd. Bij de werf hoort een werfmuseum waarin gereedschappen en scheepsmodellen tentoongesteld zijn.
Een kleine greep uit de rest van de Amsterdamse musea: Nederlands centrum voor oude ambachten, Nederlands instituut voor nijverheid en techniek, Scheepvaartmuseum, Nationaal Spaarpottenmuseum (meer dan 10 000 spaarpotten uit de hele wereld), Theatermuseum (Nederlands toneel, cabaret, opera en ballet), Tropenmuseum (TM-junior is alleen op zondag open en laat kinderen kennis maken met de landen in de Derde Wereld).
Natura Artis Magistra is de officiële naam van de dierentuin.
De twee universiteiten in Amsterdam hebben beide een hortus botanicus die voor het publiek is opengesteld en op het Singel is iedere dag (behalve zondag) een bloemen- en plantenmarkt.

Het Amstelpark en het Gaasperplaspark hebben gediend voor Floriades. Bij het Gaasperplaspark, dat gemakkelijk per metro te bereiken is, is een kampeerterrein gekomen. In de plas wordt gesurfd, geroeid en gevist.
Het Vondelpark (in het centrum), het Sloterpark en Rembrandtpark (in West) zijn drie andere grote parken.

weesp/naarden

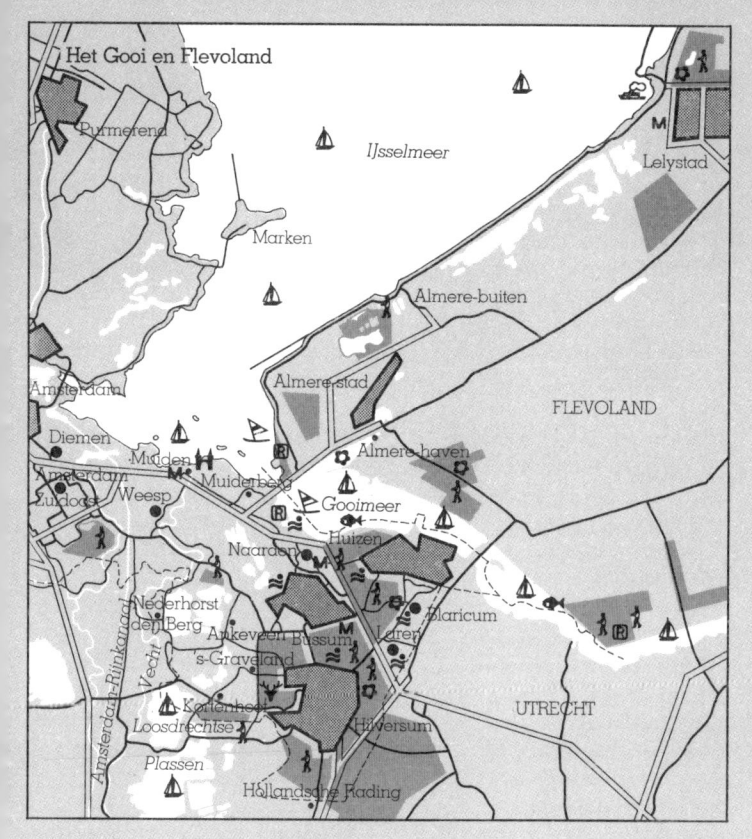

Niet ver van de wijk Amsterdam-Zuidoost (Bijlmermeer) ligt het stadje **Weesp**. Het oude centrum heeft nog smalle straatjes, oude gevels en grachtjes. Van de vroegere stadswallen is bijna niets meer te zien. De korenmolen De Vriendschap is te bezichtigen.
De rivier de Vecht wordt, richting Muiden, ontsierd door woonboten die er een vaste ligplaats hebben.

In **Muiden** kan men vanaf de terrasjes kijken naar de schepen die de laatste sluis passeren voordat ze op het IJmeer komen. Er is een jachthaven en van begin juli tot medio augustus zijn er avondrondvaarten op het IJsselmeer (incl. diner). Het Muiderslot is een middeleeuws kasteel, vierkant met ronde hoektorens. Het interieur dateert uit de 17de en 18de eeuw. Het slot is nu in gebruik als museum en eigendom van de Staat der Nederlanden. In de kruidentuin, tegenover het kasteel, groeien keuken- en geneeskrachtige kruiden.

Muiderberg ligt aan het IJmeer. Aan de overkant (in Flevoland) ligt het Muiderzand, een recreatiestrook ten westen van de Hollandse Brug die een verbinding vormt tussen Noord-Holland en Flevoland.

De nieuwe steden **Almere-haven**, **Almere-stad** en **Almere-buiten** groeien snel en fungeren als overloopsteden voor de volle randsteden en Het Gooi.
Op verscheidene plaatsen in de jonge polder zijn al bomen geplant die te zijner tijd volwaardige bossen zullen vormen.
Langs de zuidoever, aan het Eemmeer, ligt het recreatiepark De Eemhof met zwembaden en het Hulkesteinse bos. Er zijn boten te huur.

Ten zuiden van **Lelystad** grazen in een park rendieren en elanden.
De Oostvaardersplassen, een moerasgebied langs de dijk tussen Lelystad en Almere-buiten, zijn een groot natuurgebied geworden waar veel vogels een rustplaats vinden, broeden en overwinteren. Bij de Knardijk staat een observatiehut. Het Hollandse Hout ligt ten noorden van deze plassen (ca. 5 km van Lelystad) en is een jong bos met aangelegde paden.
In het Informatiecentrum Nieuw Land is een expositie ingericht over dijkbouw, inpoldering, grondgebruik en stedebouw. Bij het centrum vertrekt de boot voor een tocht over het IJsselmeer. Er zijn tevens bootverbindingen naar Urk en Volendam (in de zomer) en een verbinding over land (via de Houtribdijk) naar Enkhuizen.

Ten zuiden van **Muiderberg** en **Naarden** ligt het Naardermeer (ca. 750 ha) een natuurlijk ontstaan meer dat vroeger (ca. 1500) in verbinding heeft gestaan met de Vecht. Herhaalde malen is geprobeerd het meer droog te leggen en begin deze eeuw wilde de gemeente Amsterdam er een vuilstort-

tuinen en parken

Op enkele plaatsen in Het Gooi zijn in de loop van de tijd boeiende tuinen aangelegd. Het zijn 'botanische tuinen', waar een bijzondere collectie in- en vooral ook uitheemse planten, struiken en bomen bijeengebracht is. Enkele van deze tuinen zijn opengesteld.
De Koninklijke Maatschappij voor Tuinbouw en Plantkunde beheert de Dr. Costerustuin in Hilversum, aan de Zonnelaan. Deze tuin geldt als 'de eerste wilde-plantentuin van Nederland' (gesticht in 1920).
Niet zo ver hier vandaan, in het verlengde van de Zonnelaan (Van der Lindelaan) ligt het Pinetum Blijdenstein. Dit is een 'tuin' met een collectie van ongeveer 225 soorten naaldbomen en een 200 gekweekte variëteiten. De tuin, die prachtige, grote en hoge bomen bezit, is in beheer bij de Hortus Botanicus van de Universiteit van Amsterdam.
Achter het gemeentehuis van Blaricum ten slotte is een wilde-plantentuin ingericht. Door het nabootsen van verschillende leefgebieden (hei, bos, weide, veen) staat hier een grote hoeveelheid inheemse planten.

naarden/ankeveen

plaats van maken. Deze plannen brachten een aantal natuurvrienden ertoe een vergadering over de toekomst van het Naardermeer te beleggen waar het plan werd geopperd het gebied aan te kopen. (De oprichting van de Vereniging tot Behoud van Natuurmonumenten is hiervan een indirect gevolg.) Het lukte het geld bijeen te krijgen en het gebied is nog steeds in het bezit van de Vereniging. Het is niet opengesteld voor publiek (alleen de leden kunnen eenmaal per jaar een bezoek brengen).

De oude vestingstad **Naarden** is nog vrijwel geheel intact. In de ondergrondse ruimten (kazematten) van een van de zes bastions heeft het Vestingmuseum een plaats gevonden. Als men de toren van de Grote Kerk beklimt kan men de hele vesting goed overzien. Over de wallen loopt een wandelroute.
Aan de rand van het Naarderbos ligt de jachthaven.
Het recreatiepark Oud-Valkeveen ligt aan het Gooimeer (veel attracties, o.a. een doolhof en een speeltuin).

Vanaf het IJsselmeer tot de grens met de provincie Utrecht in het zuiden, liggen de terreinen die behoren tot het Gooisch Natuurreservaat (1925 ha bos, heide, bouw- en weiland). Bij Huizen en Hilversum liggen de grootste bossen.

Huizen heeft twee jachthavens, één in het dorp en één aan het Gooimeer. Huizen is een zich zeer snel uitbreidende plaats met nieuwbouwwijken.
In het recreatiepark Wolfskamer (15 ha) is een kunstskibaan.

Blaricum en **Laren** liggen op de grens van bos en open landschap (Eemland). Vroeger graasden hier op de heide schapen die water kwamen drinken in het midden van het dorp Laren. De Gooise heemtuin (wilde planten) ligt achter het gemeentehuis in Blaricum.

In **Bussum** is een rozenkwekerij (met heidetuin) te bezichtigen.
Zowel Bussum, Blaricum en Laren als Hilversum kunnen zich niet meer uitbreiden omdat ze worden omsloten door natuurgebieden die niet verder mogen worden aangetast. Het Gooi is gewoon vol.
Voor de watersport moet men naar het Gooimeer of naar de Loosdrechtse Plassen (provincie Utrecht).

Hilversum (VVV) is het culturele en koopcentrum van het Gooi. Men spreekt dan ook niet van het dorp Hilversum maar van Hilversum-City.
Anna's Hoeve en het Cronebos, ten oosten en zuidoosten van Hilversum, zijn gemengde bossen. In Anna's Hoeve zijn picknickplaatsen, speelweiden en een speeltuin aangelegd.
In het Corversbos zijn wandelingen gemarkeerd waarvan het beginpunt bij het bezoekerscentrum ligt. Hier start ook de Groene Fietsroute van de gemeente Hilversum en loopt de NS-wandelroute (10 km) van station Hilversum naar station Bussum-zuid.
In de bossen en op de grote heidevelden en zandverstuivingen van het eerder genoemde Gooisch Natuurreservaat liggen verscheidene dagcampings. Er zijn wandelkaarten en een fietskaart verkrijgbaar (inl. VVV).
Het Pinetum Blijdestein (bomen en subtropische gewassen) en de Dr. Costerustuin (wilde planten en kruiden) zijn opengesteld voor het publiek.

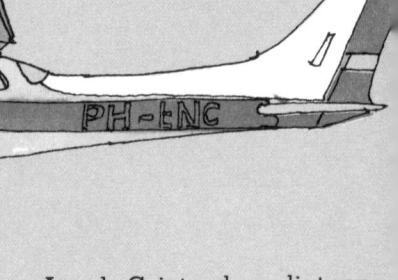

Aan de Ceintuurbaan ligt een kinderboerderij.
Vanaf het vliegveld Hilversum worden rondvluchten boven het Gooi gemaakt.
Het drafcentrum Midden-Nederland, het winkelcentrum en de markten (o.a. in mei een geraniummarkt en in september een heidemarkt) worden druk bezocht.

De plassen aan de oost- en westkant van het langgerekte dorp **Kortenhoef** zijn per boot toegankelijk. Ten westen van het dorp zijn enkele aanlegplaatsen. In de rest van het gebied is het niet toegestaan aan land te gaan. In de watertjes wordt veel gevist en bij de Wijde Blick zijn roeiboten te huur.

Het Oppad is een pad dat van Kortenhoef naar **'s-Graveland** loopt.
Van de 's-Gravelandse buitenplaatsen bestaat een wandelkaart (inl. bij 'Natuurmonumenten', waarvan het kantoor is gevestigd in Schaep en Burgh, een van de buitenplaatsen).
Door het Spanderswoud loopt een verharde recreatieweg.

Nederhorst den Berg en **Ankeveen** liggen bij de Ankeveense Plassen (ca. 500 ha), een belangrijk broedgebied voor moerasvogels. Er lopen een fietspad en enkele wandelpaden door het gebied. Vanaf Ankeveen kan men een rondwandeling van ca. 1 uur maken.